O DEVIDO PROCESSO LEGAL NA DISPENSA DO EMPREGADO PÚBLICO

Com abordagem da Lei n. 9.784, de 29.01.1999

MARLÚCIA LOPES FERRO

Bacharela em Direito pela Universidade Federal do Ceará. Especialista em Direito Processual Civil, Processo Administrativo pela UFC e em Direito do Trabalho pela UNIFOR. Mestra em Direito Público e Doutoranda pela Universidade de Lisboa. Oficiala de Justiça do TRT da 7ª Região. Professora da Universidade de Fortaleza — UNIFOR, das disciplinas de Direito do Trabalho, Direito Processual Civil e Estágio. Advogada do Banco do Nordeste. Escritora de obras jurídicas.

O DEVIDO PROCESSO LEGAL NA DISPENSA DO EMPREGADO PÚBLICO

Com abordagem da Lei n. 9.784, de 29.01.1999

EDITORA
LTr
SÃO PAULO

Dados Internacionais de Catalogação na Publicação (CIP)
(Câmara Brasileira do Livro, SP, Brasil)

Ferro, Marlúcia Lopes
   O devido processo legal na dispensa do
empregado público : com abordagem da Lei n. 9.784,
de 29.01.1999 / Marlúcia Lopes Ferro. —
São Paulo : LTr, 2009.

   Bibliografia.
   ISBN 978-85-1427-9

   1. Administração pública — Brasil 2. Brasil —
Servidores públicos 3. Devido processo legal
4. Servidores públicos — Demissão I. Título.

09-07485   CDD-34:331.1:35.08 (81)

Índice para catálogo sistemático:

1. Brasil : Empregados públicos : Devido processo
   legal : Dispensa sem justa causa : Direito
   do trabalho   34:331.1:35.08(81)

Editoração Eletrônica: **RLUX**
Capa: **ELIANA C. COSTA**
Impressão: **COMETA GRÁFICA E EDITORA**

© Todos os direitos reservados

LTr

EDITORA LTDA.

Rua Apa, 165 — CEP 01201-904 — Fone (11) 3826-2788 — Fax (11) 3826-9180
São Paulo, SP — Brasil — www.ltr.com.br

LTr 3821.5   Setembro, 2009

Dedico esta obra aos meus filhos, irmãos e in memoriam *dos meus pais e da minha irmã Maria das Graças Lopes Ferro.*

*Agradeço a Deus, bálsamo das minhas
horas de dúvida e alegria do meu viver.*

*Aos meus mestres, cuja homenagem faço nas
pessoas da Profa. Dra. Germana de Oliveira Moraes
e Prof. Raimundo Bezerra Falcão, cujos modelos de bondade
firmeza, inteligência, integridade e sapiência servem-me
de paradigma no campo pessoal e no caminho do
sacerdócio do magistério.*

*A colaboração e a confiança depositada em mim pelos amigos
Hermano Queiroz Júnior e Judicael Sudário Pinho.*

*A todos os funcionários da LTr, especialmente,
Armando Casimiro Costa Filho, Cátia Cunha, Mara e Renata,
que muito fizeram pelo bom andamento na
produção e divulgação desta obra.*

*A meus filhos, Shayanne Lopes Ferro Pontes e
Pedro Yuri Lopes Ferro Pacheco Rios pelo apoio
e incentivo que sempre recebo deles.*

*A todos os que de alguma forma contribuíram para
o atingimento de um sonho que não era só meu,
mas de todos os que fazem a família Lopes Ferro.*

SUMÁRIO

PREFÁCIO 11

1. INTRODUÇÃO 15

1.1 Da exposição do problema 15

1.2 Da metodologia 16

1.3 Da disposição do tema: o devido processo legal na dispensa do empregado público 17

2. REGIME JURÍDICO APLICÁVEL AOS EMPREGADOS PÚBLICOS E ÀS EMPRESAS ESTATAIS 20

2.1 Regime jurídico aplicável aos empregados públicos 20

2.2 Regime jurídico aplicável às empresas estatais 22

2.3 Dos critérios para solucionar a colisão aparente entre as normas que regem as empresas estatais sujeitas ao regime jurídico híbrido 28

3. O DEVIDO PROCESSO LEGAL E A NECESSIDADE DE OBSERVÂNCIA DE PROCESSO ADMINISTRATIVO NA DISPENSA DE EMPREGADO PÚBLICO 35

3.1 O princípio do devido processo legal 35

3.2 Processo administrativo — Lei n. 9.784, de 29.01.1999 48

3.3 Âmbito de incidência da Lei n. 9.784/99 63

3.4 A Consolidação das Leis Trabalhistas (CLT) teria o condão de afastar a aplicação da Lei n. 9.784/99? 72

4. DAS OUTRAS CONSEQUÊNCIAS DE UM PROCESSO ADMINISTRANISTRATIVO 75

4.1 Do ato de despedida dos empregados públicos como ato administrativo 75

4.2 Da necessidade de motivação do ato de despedida do empregado público 83

4.3 Da compatibilização das regras trabalhistas com a motivação dos atos de despedida do empregado público 95

5. CONCLUSÃO 102

REFERÊNCIAS BIBLIOGRÁFICAS 123

APÊNDICE 127

PREFÁCIO

O tema *O devido processo legal na dispensa do emprego público*, livro da autoria da Professora *Marlúcia Lopes Ferro*, reveste-se de uma importância extraordinária no contexto de uma sociedade profundamente marcada pela desigualdade, como é a sociedade brasileira, em que o Estado prestigia a consolidação do poder político nas mãos da classe burguesa, acompanhada de autoritarismo, expressa por governos praticamente impermeáveis à vontade popular, ao influxo dos ideais do liberalismo político e ao constitucionalismo.

O trabalho da Professora *Marlúcia*, novo e, por isso mesmo, delicado, traz-me à lembrança um trecho de um discurso de Tobias Barreto, há mais de cem anos, aos jovens bacharéis do Recife, oportunidade em que dizia ele que o Direito *"não é um filho do céu, é simplesmente um fenômeno histórico, um produto cultural da humanidade"*. E acrescentava ele: *"Havemos mister de coragem e abnegação, para despirmo-nos das nossas becas, mofadas de teorias caducas, e tomarmos traje novo. Releva dizer à ciência velha: retira-te!, e à ciência nova: entra, moça!"*.

A discussão estabelecida sobre a possibilidade de livre despedimento de empregados nas empresas estatais nos convida a recordar aquela passagem produzida pela inteligência do ilustre Professor da Faculdade de Direito do Recife, sobretudo o trecho que faz referência à despedida da ciência velha e à necessidade de dar as boas-vindas à ciência nova.

A para-administração do Estado, numa evidência que ressumbra das centenas de processos que lhe são promovidos, desvaira de um pretenso direito de resilir contratos de trabalho, numa potestade quase absoluta, invocada como álibi da vontade pessoal de seus dirigentes. Pessoal, há de se dizer, porque vazia de qualquer justificativa que legitime a ruptura de um contrato de trabalho, plasmado no trato sucessivo, em atividades com virtualidades de serviço público, essencial e permanente, como o são as atividades das empresas públicas e das sociedades de economia mista.

As empresas estatais, adotem a forma de empresas públicas ou de sociedades de economia mista, constituem-se em instrumentos de atuação estatal, sendo, pois, integrantes, por conceito, da administração indireta. De regra, em suas razões de defesa, bem como em todas as suas manifestações nos autos em que se discute a ruptura contratual imotivada de seus empregados, abroquelam-se elas no seu direito potestativo de despedir tais empregados, não estabilitários e, portanto, sem as garantias do funcionário público *stricto sensu.*

Os atos relativos à vida funcional dos empregados públicos de uma empresa estatal são, na vigência da Constituição Federal de 1988, atos administrativos, porque, além das exigências constantes da legislação trabalhista, é o direito administrativo que lhes governa as condições de válida produção, de sorte que o controle deles se faz à moda do que corresponde aos atos administrativos em geral, inclusive com arguição dos mesmos vícios. E um ato administrativo, ninguém há de negar, não pode ser adotado senão com uma finalidade de interesse público. Já se encontra consolidada a tese de que não cabe à Administração Pública desenvolver qualquer espécie de favoritismo ou desvalia em proveito ou detrimento de alguém. Dessa forma, essa haverá de pautar a sua atuação com estrita obediência ao princípio da impessoalidade, conforme se demonstrará adiante. Com efeito, sendo encarregada de gerir interesses de toda a coletividade, a Administração não tem sobre esses bens disponibilidade que lhe confira o direito de tratar desigualmente aqueles cujos interesses representa, sobretudo em franca afronta à Constituição Federal vigente. Não sendo o interesse público algo de que a Administração Pública possa dispor ao seu livre talante, mas, pelo contrário, bem de todos e de cada um, já assim consagrada pelos mandamentos legais que o erigiram à categoria de mandamento constitucional, impõe-se, como consequência, o tratamento pessoal igualitário que deve o Poder Público dispensar aos administrados. Uma vez que os interesses que incumbe à Administração Pública perseguir são pertinentes à sociedade como um todo, quaisquer atos que os órgãos administrativos pratiquem devem, necessariamente, refletir, na medida do possível, os princípios orientadores de sua atividade, consagrados no art. 37, *caput,* da Constituição Federal de 1988.

A ruptura da relação individual de trabalho já é, por si mesma, uma *anomalia jurídica*, no dizer de *Almansa Pastor* (In: *El despido nulo*), de vez que a permanência no emprego é o princípio angular do Direito do Trabalho. Aliás, se se considerar a questão só pelo ângulo do Direito do Trabalho, mesmo não sendo os empregados das empresas estatais detentores de estabilidade, no sentido técnico-jurídico do instituto, são eles, pelo menos, titulares daquele mínimo de garantia de permanência no emprego, que *Plá Rodriguez* denomina *princípio de continuidade,* como expressão de uma *"tendência atual do Direito do Trabalho de atribuir à relação de emprego a mais ampla duração, sob todos os aspectos".* Se assim é na empresa eminentemente privada, o que se dizer quando, na mecânica dessa relação, insere-se um ente paraestatal, em que os empregados, como se disse, exercem uma atividade com virtualidade de serviço público, essencial, porque inspirada nos interesses maiores da coletividade?

Há uma tendência jurisprudencial, insensível aos avanços dos direitos sociais universalmente reclamados, que, numa atitude simplista, consagra a liberdade plena de resilição contratual, sob o color da ausência de norma explícita asseguradora da estabilidade. É uma postura por demais fetichista, que dá ao instituto da estabilidade um conceito rígido e unitário, quando se sabe, pelas lições dos maiores mestres administrativistas, juslaboralistas e constitucionalistas, que a estabilidade é um termo elástico e poliforme, cujo tema abarca uma das zonas mais extensas e de larga aplicação nas relações de trabalho. É o mesmo *Plá Rodriguez* quem, para exemplificar, classifica a estabilidade em duas espécies, absoluta e relativa, e esta última em duas subespécies, a própria e a imprópria. Os contratos de trabalho, nos órgãos demiurgos da administração pública, não gozam, em geral, da estabilidade, considerada naquele sentido absoluto, que só permite o desfazimento da relação *ope judicis*, mas é certo que essas contratações estão albergadas por uma estabilidade relativa, porque as normas legais que as regulam não se atêm exclusivamente aos marcos da legislação especial (celetista), mas se imbricam com cânones de Direito Administrativo, que se interligam na normatização dessas relações jurídicas, com as particularidades que lhes são próprias. Assim como elas se plasmam no interesse impessoal do homogêneo social, só se podem desfazer em obediência aos mesmos princípios da conveniência pública. E isso tem de ser explicitado em ato formal específico, como requisito de validade do ato administrativo de dispensa. Assim, a despedida dos empregados das empresas estatais não poderá, jamais, acontecer com aquele informalismo das contratações comuns. Nesse caso, o contrato de trabalho só poderá ser declarado rompido por força de ato administrativo motivado, com justificação relevante, mediante processo em que se assegure ao empregado a garantia do contraditório e da ampla defesa, de molde a que a sua despedida se sobreleve à fidúcia e à natureza permanente do serviço, como o são aqueles em que o interesse público é predominante.

As relações jurídicas que vinculam os empregados às empresas estatais (órgãos demiurgos da administração pública indireta) não podem ser desfeitas ao *arbitrium merum* de seus diretores, como ocorre nas empresas genuinamente privadas, que constituem, nas sociedades pouco desenvolvidas, um verdadeiro "feudo" do patrão, com seu poder quase ilimitado de admitir e despedir, por sua assunção a todos os riscos da atividade econômica.

Nas entidades da administração indireta, pela hibridez de sua natureza jurídica, afetadas de massa patrimonial de fundo estatal, não podem acontecer despedidas imotivadas, eis que todas se devem subordinar aos objetivos superiores de sua atividade específica e aos interesses impessoais da coletividade.

É esse entendimento que manifesta a Professora *Marlúcia Lopes Ferro* em seu trabalho, agora publicado pela prestigiosa LTr Editora, e que, por isso mesmo, é anunciador de boas-vindas à ciência nova de que falava Tobias Barreto há mais de um século. Cuida ela das consequências do aperfeiçoamento, cada vez maior, dos institutos de direito administrativo, por si e quando em correlação com outros ramos do Direito, e, sobretudo, do quanto precisa ser amadurecida a reflexão das questões da mais alta indagação que ocupam os cultores do Direito Constitucional, do Direito Administrativo e do Direito do Trabalho, sempre com a relembrança e a firme convicção de que a liberdade é o coração do Estado Democrático de Direito.

Postas dessa forma as questões essenciais do tema atinente ao despedimento de empregados públicos de entidades paraestatais, posso recomendar a todos os estudiosos do Direito o trabalho da Professora *Marlúcia Lopes Ferro*, como uma obra de pesquisa, de elaboração cuidadosa e meticulosa análise de um assunto extremamente delicado, quer no âmbito do direito administrativo, quer no do direito do trabalho e do direito constitucional. Pelo que, além da evidente contribuição à ciência do Direito, consubstancia-se este trabalho em importante fonte de estudo e reflexão sobre uma questão que ainda desperta, na atualidade, grande controvérsia e polêmica.

Judicael Sudário de Pinho
Juiz do Trabalho Titular da 1ª Vara do Trabalho de Fortaleza.
Mestre em Direito Constitucional pela Universidade de Fortaleza.
Professor de Direito Constitucional da Universidade de Fortaleza.
Membro Titular do Instituto dos Advogados do Ceará, do Instituto dos Magistrados do Ceará e da Academia Cearense de Direito do Trabalho.

1. INTRODUÇÃO

1.1 Da exposição do problema

As empresas estatais foram criadas como instrumento de ação do Poder Público, podendo, para tanto, explorar atividade econômica ou prestar serviços públicos. A Constituição só mencionou expressamente a função das empresas estatais em seu art. 173, §1º, referindo-se à exploração de atividades econômicas, determinando em seu inciso II a sujeição ao regime jurídico próprio das empresas privadas quanto aos direitos e obrigações trabalhistas.

Causam, porém, estranheza e preocupação as interpretações incautas do artigo supramencionado, pois, com arrimo no argumento de que a Administração Pública, quando contrata sob o "regime celetista", equipara-se, em todos os direitos e obrigações, ao empregador particular, não estaria submetida aos princípios do regime jurídico administrativo.

Não obstante a jurisprudência do Tribunal Superior do Trabalho orientar-se no sentido de restringir direitos aos empregados públicos, assegurando ao administrador das empresas estatais liberdade na dispensa sem justa causa e imotivada, baseada em um suposto "direito potestativo", comprometendo a atividade administrativa desempenhada, surgem questionamentos relevantes para o deslinde da questão: qual o regime jurídico aplicável aos empregados públicos das sociedades de economia mista? Aplicam-se ou afastam-se os princípios ínsitos ao regime jurídico administrativo? Pode haver dispensa sem justa causa sem o devido processo legal para os empregados públicos das empresas estatais? Em caso afirmativo, qual seria a natureza desse ato da dispensa sem justa causa? Seria ato regido exclusivamente pelas leis trabalhistas? Seria ato administrativo, impondo-se a observância de obrigatoriedade de motivação?

Diante das indagações postas, surgiu o interesse pelo estudo mais aprofundado sobre o devido processo legal e a necessidade de observância de processo administrativo na dispensa de empregado público. A obra parte dos problemas oriundos de interpretações restritivas e meramente literais do mandamento constitucional do art. 173, § 1º, II, da Constituição Federal brasileira de 1988, que podem resultar em excessiva simplificação das matérias concernentes aos empregados públicos, destacadamente a dispensa sem justa causa, com o risco de comprometer a verdadeira prestação jurisdicional esperada pelos jurisdicionados.

Há que se priorizar interpretações mais condizentes com a nova ordem constitucional, uma hermenêutica na qual se harmonizem os conteúdos arregimentados pela Carta Magna brasileira, com suas finalidades precípuas, propugnando-se pela sistematicidade e aplicação do princípio da unidade da Constituição. Em síntese: uma Constituição há de ser interpretada de forma a evitar contradições entre suas normas, vedando a consideração insulada de um ou alguns de seus dispositivos. A adoção de tal hermenêutica é asseguradora dos direitos e garantias individuais de todos os agentes públicos, detentores de cargos ou de empregos públicos.

1.2 Da metodologia

Vale salientar a escassa produção jurídico-literária do tema, o qual constitui interessante desafio, com a necessidade de análises mais aguçadas da questão proposta, o que ratifica o seu caráter de relevância. Por tal razão, faz-se uma análise dos principais expoentes da doutrina administrativista, na Lei n. 9.784/99, com enfoque nas decisões jurisprudenciais já firmadas sobre os questionamentos propostos, a fim de possibilitar o contato com os preceitos inerentes a cada ramo do direito, visando à solução dos questionamentos apresentados.

Urge adiantar que o objetivo principal da obra é justificar a necessidade de motivação dos atos de despedida no âmbito das empresas estatais decorrente da obrigatoriedade legal de aplicação da Lei n. 9.784, de 29.01.1999, que dispõe sobre o processo Administrativo Federal, e do art. 37 da Constituição Federal brasileira de 1988.

Ademais, o presente corpúsculo avalia o regime jurídico aplicável aos empregados e às empresas estatais e a sua interpretação constitucional, o devido processo legal e a necessidade de observância de processo administrativo na dispensa de empregado público, e, por último, verifica se o ato da dispensa é um ato administrativo e se há necessidade de motivá-lo.

Buscar-se-á responder às aparentes contradições e antinomias no tocante aos direitos que devem ser assegurados aos empregados públicos, por ocasião da dispensa sem justa causa, sempre com vistas à solução que melhor atenda ao interesse público.

1.3 Da disposição do tema: o devido processo legal na dispensa do empregado público

Os encargos estatais viram-se ampliados com a insuficiência do Estado liberal clássico, o que obrigou o Estado a assumir vários papéis, dentre os quais o de regulador da vida socioeconômica, seja ditando normas, seja utilizando-se, na prática, do seu poder de polícia, seja descendo ao nível da iniciativa privada e indo atuar na área da produção de bens e serviços, pelos aportes de recursos e empreendimentos somente seus ou em parceria com o investidor da iniciativa privada.

É sobre essa visão do Estado-empresário que se tratará especificamente, abordando apenas duas dessas suas formas, quais sejam, as sociedades de economia mista e as empresas públicas, doravante chamadas de estatais, quando serão tecidos comentários, com o fito de demonstrar a obrigatoriedade de observância do princípio do devido processo legal, para, ao final, demonstrar-se a necessidade de motivação dos atos de despedida nessas empresas.

De início, será feito um estudo sobre o regime jurídico aplicável ao empregado público e às empresas estatais. Será tratado, em seguida, o questionamento que originou o presente ensaio, ou seja, é necessária a motivação dos atos de despedida dos empregados de sociedade de economia mista? Ou, por conta de sua natureza jurídica de direito privado, estaria livre para despedir? É necessário processo administrativo?

Na tentativa de demonstrar a melhor interpretação dos atos normativos que tratam especificamente do tema proposto, no caso, os arts. 37 e 173 da *Lex Fundamentalis*, como diferente não poderia ser, cuida-se de lembrar que, nos dias atuais, vive o Direito a era dos princípios, assumindo estes posição hegemônica na pirâmide normativa. Por força desse fato, como o objetivo do presente trabalho é demonstrar a obrigatoriedade do cumprimento, dentre outros, do princípio da motivação no ato de despedida na sociedade de economia mista, será trazido à baila o conceito de princípio, para daí concluir-se pela importância dos princípios como veículos dimensionadores da compreensão e da aplicação do Direito na solução das lides.

A bem da verdade, é importante adiantar, seja o princípio expresso numa formulação legislativa ou, ao contrário, implícito ou latente num ordenamento, constitui norma aplicável como regra de determinados comportamentos públicos ou privados.

Necessário é também trazer à baila os critérios diferenciadores entre princípio e regra, compreendidos os princípios como mandamentos de otimização. A sua principal característica consiste em que tais mandamentos podem ser cumpridos em distintos graus. As regras são normas que podem sempre ser cumpridas ou não, e, quando uma regra vale, então, se há de fazer exatamente o que ela exige ou determina. Nem mais, nem menos.

O princípio, entretanto, não pode ser assim entendido pois pode ocorrer que continue válido para aquela hipótese *in concreto*, todavia, existe outro princípio que é mais aplicável àquele caso, e, nem por isso, citado princípio perdeu sua validade.

Segundo *Esser*, mencionado por *Paulo Bonavides*, "princípios normativos são apenas aqueles institucionalmente eficazes, e o são na medida em que se incorporam numa instituição e só assim logram de eficácia positiva".[1]

Essa normatização dos princípios aplicáveis à Administração Pública e ao processo administrativo ocorreu desde a promulgação da Carta Política brasileira de 1988, e, de maneira mais específica, com a edição da Lei n. 9.784, de 29.01.1999.

Após, portanto, a normatização explícita dos princípios aplicáveis à Administração Pública e ao processo administrativo, que se deu com a promulgação da Lei n. 9.784/1989, pode-se afirmar que os mencionados princípios passaram a fruir de eficácia positiva, sendo seu principal efeito a obrigatoriedade de sua observação na formalização dos atos administrativos, haja vista sua elevação a *norma normarum*, nas palavras do constitucionalista *Paulo Bonavides*.

Empós, em face da pertinência do tema, será feita uma abordagem sobre a submissão das estatais aos princípios do processo administrativo e aos princípios da Administração Pública. Será demonstrado, ainda, que, após a normatização dos referidos princípios, seja no âmbito constitucional, seja no infraconstitucional, eles passaram a desfrutar de eficácia positiva, noutras palavras, adquiriram normatividade, e, consequentemente, assumiram o *status* de norma, tendo como principal efeito obrigar as empresas estatais a observá-los na formalização dos seus atos administrativos.

Se todos os argumentos até aqui referidos, por si sós, não fossem suficientes para justificar a necessidade de motivação dos atos de despedida das sociedades de economia mista, passa-se a examinar o devido processo legal e a necessidade de observância de processo administrativo na dispensa

---

(1) ESSER, 1964 *apud* BONAVIDES, Paulo. *Curso de direito constitucional.* 9. ed. São Paulo: Malheiros, 2000. p. 242.

de empregado público, como forma de concretização de um verdadeiro Estado Democrático de Direito proposto pela Cártula brasileira de 1988, e, por último, se referido ato pode ser abarcado pelo conceito de ato administrativo.

Após reconhecer-se que tais atos têm a natureza de ato administrativo, será feito um estudo da compatibilização das regras trabalhistas com o princípio da motivação, quando será demonstrado que, no caso de despedida de empregado público de sociedade de economia mista, deve ser afastada a despedida sem justa causa, com previsão na Norma Celetista, para dar lugar à despedida motivada, com fulcro nos princípios constitucionais da Administração Pública e os insertos na Lei n. 9.784/99.

Ratificando mais uma vez a necessidade de motivação dos atos de despedida das sociedades de economia mista, será trazido, no último capítulo, o debate jurisprudencial sobre o tema, com citações de jurisprudências de tribunais regionais do trabalho, ora favoráveis, ora desfavoráveis ao tema defendido. Será exposta a opinião do Tribunal Superior do Trabalho pelo acolhimento da despedida imotivada, para, finalmente, fazer-se o fechamento, com o estudo de dois casos práticos apreciados pelo Supremo Tribunal Federal, órgão de cúpula responsável pela pacificação das controvérsias da Constituição Federal, em que restou sedimentado, respectivamente, nos acórdãos STF-TP-MS-21.322-1-DF e Recurso Extraordinário n. 1302062/210, o entendimento segundo o qual não cabe mais controvérsia acerca da interpretação a ser extraída da conjugação dos arts. 37 e 173, § 1º, II, no sentido de que as sociedades de economia mista estão submetidas às regras e princípios da ordem jurídico-constitucional, devendo, por via de consequência, motivar os seus atos de despedida.

2. REGIME JURÍDICO APLICÁVEL AOS EMPREGADOS PÚBLICOS E ÀS EMPRESAS ESTATAIS

São estabelecidas, no presente capítulo, definições essenciais: de um lado, as empresas públicas, os entes "empregadores"; de outro, o "empregado público". Faz-se imprescindível a delimitação do regime jurídico aplicável a cada um, para a análise da relação que se estabelecerá entre eles.

2.1 Regime jurídico aplicável aos empregados públicos

Em Direito, encontram-se muitos conceitos plurívocos, contendo mais de um significado para igual termo ou palavra.

Por força desse fato, delimita-se, de logo, em qual sentido será utilizada a expressão "empregado público". Significará o empregado das pessoas governamentais com personalidade jurídica de Direito Privado. Servidor público será o agente que mantém relação profissional com as pessoas governamentais com personalidade jurídica de Direito Público —, conforme o regime laborativo a que se vinculem (contratual celetista ou institucional estatutário).

Igualmente, incumbe salientar as diferenças entre os dois principais regimes de pessoal da Administração Pública brasileira: o celetista e o estatutário.

Por prescrição constitucional explícita, as empresas governamentais devem adotar o regime contratual celetista no âmbito das suas relações trabalhistas. A delimitação do regime jurídico aplicável ao agente é essencial para a fixação das prerrogativas e deveres que lhe deverão ser imputados.

Importa adiantar que a primeira diferenciação a ser feita relaciona-se à unidade de atribuição ocupada pelo agente público. Quando o vínculo formador da relação é contratual, regido pela Consolidação das Leis Trabalhistas, ter-se-á emprego público; quando o ocupante tem um vínculo estatutário, regido pelo Estatuto dos Servidores Públicos, configura-se o cargo público.

Os empregados públicos aqui referidos são empregados de empresas estatais (sociedades de economia mista e empresas públicas) que fazem parte da Administração Pública Indireta, conforme determina o art. 4º, II, do Decreto-Lei n. 200, de 25.02.67[2].

Saliente-se que, no tocante aos celetistas contratados pelas pessoas jurídicas com personalidade jurídica de Direito Público, existem normas assecuratórias de direitos peculiares ao exercício de suas funções, surgindo um regime diferenciado, harmonizando-se normas de Direito do Trabalho com regras de Direito Administrativo. Pode-se mencionar, por exemplo, que na esfera federal o regime de emprego público do pessoal da Administração Direta, Autárquica e Fundacional está disciplinado pela Lei n. 9.962 de 22.02.2000, que discrimina as hipóteses de rescisão do referido contrato de trabalho. Nasceram, por conseguinte, hipóteses de rescisões vinculadas, nas quais o administrador não pode olvidar os princípios ínsitos ao regime jurídico administrativo, sob pena de ser determinada a reintegração do servidor celetista.

A questão é mais complexa no tocante aos empregados das empresas estatais, especificamente quanto às exploradoras de atividades econômicas. O art. 173 da CF, em seu § 1º, II, determinou expressamente a sujeição ao regime jurídico próprio das empresas privadas (em gênero) quanto aos direitos e obrigações trabalhistas.

Interpretações impróprias do artigo retromencionado levam à afirmação de que as contratações sob regime celetista situam as empresas estatais em plena equiparação, em todos os direitos e obrigações, ao empregador particular, excluindo-se a utilização de princípios do regime jurídico administrativo, a resguardar mais amplo espectro de direitos aos empregados públicos.

A mencionada "equiparação" da Administração Pública ao "empregador privado" ou a "abdicação do *status* de administração pública" nas relações de emprego público é unicamente com o objetivo de impedir que na sua atuação as estatais se deparem com óbices capazes de impedir a consecução de seus fins (que poderiam ser satisfatoriamente realizados por uma pessoa privada comum), ou de que usufruam de prerrogativas ou vantagens dentro dos princípios da ordem privada (que são próprias das pessoas de direito público).

---

(2) Decreto-lei n. 200, de 25.02.1967, que dispõe sobre a *"organização da Administração Federal, estabelece diretrizes para a Reforma Administrativa e dá outras providências"*, diz textualmente que a administração pública é dividida em direta e indireta, fazendo parte desta última as sociedades de economia mista e as empresas públicas, *verbis:* Art. 4º A Administração Federal compreende: I — A Administração Direta, que se constitui dos serviços integrados na estrutura administrativa da Presidência da República e dos Ministérios; II — *A Administração Indireta*, que compreende as seguintes categorias de entidades, dotadas de personalidade jurídica própria: a) Autarquias; *b) Empresas Públicas; c) Sociedades de Economia Mista;* d) fundações públicas. (grifo nosso)

Não obstante a atividade exercida pela empresa governamental seja considerada própria da iniciativa privada, o investimento do Estado na criação de um ente administrativo para exercer tais funções demonstra inequivocamente um interesse público a ser tutelado, interesse apto a alterar as relações *interna corporis* travadas entre a Administração — empregadora e os empregados públicos.

Nesse sentido, o regime jurídico nas estatais é híbrido, porque o direito privado é parcialmente derrogado pelo direito público. O fato de gozarem de personalidade de direito privado retiraria a dúvida sobre qual legislação lhes é aplicável, contudo, em face de sua natureza híbrida, o direito a ela aplicável "será sempre o direito privado, a não ser que se esteja na presença de norma expressa de direito público"[3].

Por todo o exposto, no tocante aos empregados públicos, o regime trabalhista apresenta temperamentos constantes do regime jurídico administrativo, conferindo-lhe uma conformação *sui generis*, em consonância com os princípios constitucionais administrativos do art. 37 da Constituição Federal de 1988, ao determinar expressamente que a Administração Pública Direta e Indireta está obrigada a obedecer aos princípios da legalidade, impessoalidade, moralidade, publicidade e eficiência.

Com origem nessa premissa, passa-se ao exame do regime jurídico aplicável às empresas estatais em que os empregados públicos prestam serviço.

2.2 Regime jurídico aplicável às empresas estatais

De início, vale ressaltar que no período que vai da Era Vargas, com marco inicial em 1930, a 1970 houve uma desconformidade entre as novas atividades assumidas pelo Estado e o progresso acelerado na área de tecnologia. A título de exemplo, pode ser citada a reforma desenvolvimentista, que se verificou nos países em desenvolvimento, no período de 1960/1970. Essa quadra coincidiu com o golpe militar de março de 1964, que levou à queda do presidente João Goulart e implantou a ditadura militar, começando nova fase administrativa no Brasil.

O golpe militar foi dirigido pelas forças armadas, que passaram a exercer o controle do aparelho do Estado. Elas passaram a exercer o Poder Político e o controle burocrático. O Estado passou a controlar as organizações de classe, os meios de comunicação e a expressão de oposição ao governo,

---

[3] Nesse sentido, igualmente, DI PIETRO, Maria Sylvia Zanella. *Direito administrativo*. 16. ed. São Paulo: Atlas, 2003. p. 383.

assegurando uma política econômica que levava ao sacrifício a classe trabalhadora, mantendo a exclusão social e econômica já vigente. A Carta Política de 1967 criou meios para que tudo isso continuasse, obrigando a uma modernização do aparelho estatal e à adoção de políticas econômicas claramente favoráveis à ação empresarial.

A reforma tão esperada reapareceu em 1967, já em pleno regime autoritário militar, e sua melhor expressão foi o Decreto n. 200, de 25.02.1967, que, de certa maneira, trouxe a ideia de um retorno a uma reforma administrativa programática e planejada. Alguns princípios estratégicos apoiaram o novo estatuto, como: planejamento, descentralização, coordenação e controle. Estimulava a expansão das empresas estatais e de pessoas jurídicas independentes, como as fundações e as autarquias "semi-independentes". O decreto anteriormente referido procurou estimular o sistema de mérito e buscou fixar diretrizes gerais para um novo plano de classificação de cargos.

Os governos militares tiveram como características o centralismo político e a intervenção do Estado no setor produtivo, mediante a expansão da administração indireta, criada na forma do Decreto-Lei n. 200/67, que permitiu o crescimento das autarquias, das empresas públicas, a criação das sociedades de economia mista e das fundações.

O Decreto-Lei n. 200/67 significou um instrumento de reforma que visou a substituir a Administração Pública burocrática por uma administração gerencial. Desde esse normativo, a Administração Pública tentou superar a rigidez burocrática, dando ênfase à descentralização por meio da autonomia da Administração Indireta, do planejamento, do orçamento, da descentralização e do controle de resultados.

Verifica-se, dessarte, que o Decreto-Lei n. 200/67, que dispõe sobre a organização da Administração Federal, estabelece diretrizes para a Reforma Administrativa e dá outras providências, teve o condão de introduzir na Administração Pública e no Direito Administrativo brasileiro as sociedades de economia mista e as empresas públicas como integrantes da Administração Indireta, cujo principal objetivo inicial é promover o desenvolvimento.

Para a presente obra, repete-se, a expressão "empresas estatais" abrange apenas empresas públicas e sociedades de economia mista — conforme classificação utilizada por *Celso Antônio Bandeira de Mello*[4].

Assevere-se que, independentemente da atividade exercida, se prestadoras de serviço público ou exploradoras de atividade econômica, essas empresas

---

(4) MELLO, Celso Antônio Bandeira de. *Curso de direito administrativo*. São Paulo: Malheiros, 2003. p. 170.

são consideradas instrumentos de atuação do Estado, tendo sido elencadas pelo vetusto Decreto-Lei n. 200/67 como integrantes da Administração Pública Indireta, e, como tais, essenciais à consecução dos múnus públicos.

A exploração da atividade econômica não exclui necessariamente uma entidade da estrutura da Administração Pública — *in casu*, a Administração Pública Indireta. A relevância de tal critério reside na aplicação imediata, às empresas estatais, de vários institutos considerados inerentes à Administração Indireta.

Impende salientar que, ainda que criada "para a execução de determinada atividade econômica, a empresa governamental deverá atender a um interesse público, pois caso contrário há vedação constitucional expressa a essa interferência na esfera que é reservada ao setor privado"[5].

A despeito de possuírem personalidade jurídica de direito privado (art. 5º, Decreto-Lei n. 200/69), essas empresas buscam interesses superiores aos meramente privatísticos. A finalidade precípua de sua instituição reside no fato de serem coadjuvantes da atuação estatal. A forma escolhida da gestão privada visa apenas a facilitar a obtenção e a realização dos misteres de maneira mais desenvolta e competitiva. Faz-se imprescindível compreender suas finalidades e seu tratamento constitucional "sob pena de converter-se o acidental — suas personalidades de direito privado — em essencial, e o essencial — seu caráter de sujeitos auxiliares do Estado — em acidental"[6].

As pessoas jurídicas de direito privado instituídas pelo Poder Público se situam em ponto intermediário entre as entidades de direito público e as de direito privado instituídas por particulares, congregando características próprias do regime jurídico administrativo[7] e outras de regime jurídico de direito comum.

Embora possuam personalidade de direito privado, em razão de suas finalidades, tais entes se submetem ao regime jurídico derrogatório do direito comum, em seus aspectos essenciais. Significa dizer que se presume a aplicação do direito privado, desde que não haja norma publicística em contrário.

Refletindo essa natureza "híbrida" das empresas estatais, inventariam-se as seguintes determinações constitucionais:

    1. submissão aos princípios da Legalidade, Impessoalidade, Moralidade e Eficiência (art. 37, *caput*);

---

(5) Cf. MEIRELLES, Hely Lopes. *Direito administrativo brasileiro*. 23. ed. São Paulo: Malheiros, 1999. p 341.
(6) Cf. MELLO, Celso Antônio Bandeira de. *Curso de direito administrativo*. São Paulo: Malheiros, 2003. p. 101.
(7) Conforme DI PIETRO, Maria Sylvia Zanella. *Direito administrativo*. 16. ed. São Paulo: Atlas, 2003. p. 364: "A expressão regime jurídico administrativo é reservada tão somente para abranger o conjunto de traços, de conotações, que tipificam o Direito Administrativo, colocando a Administração Pública numa posição privilegiada, vertical na relação jurídico-administrativa".

2. obediência à realização de concurso público para a contratação de seus empregados (art. 37, II);

3. exigência de criação e extinção autorizada por lei específica (art. 37, XIX);

4. necessidade de realizar licitação para as contratações em geral, ressalvados os casos especificados na legislação (art. 37, XXI);

5. vinculação a controle estatal, tanto externo, realizado pelo Poder Legislativo, com auxílio do Tribunal de Contas (arts. 49, X, 70 e 71), como interno, consubstanciado na supervisão ministerial;

6. limitações de despesas de pessoal a dotações orçamentárias (art. 169, § 1º, I), dentre outras.

Pode-se asseverar, portanto, o fato de que a personalidade jurídica de direito privado não tem o condão de impedir a aplicação de certos princípios e normas ínsitos ao regime jurídico administrativo, cuja não observância comprometeria objetivos basilares do Estado Democrático de Direito.

A jurisprudência consagrou o entendimento de que as empresas exploradoras de atividades econômicas, por previsão constitucional, submetem-se, indiscriminadamente, ao regime próprio do direito privado. As derrogações advindas do Direito Administrativo só serão admitidas se emanadas do próprio Texto Constitucional. Desta feita, não se aplicariam às empresas estatais as normas infraconstitucionais derrogatórias do direito comum e asseguratórias das garantias inerentes ao desempenho da função administrativa. Por seu turno, às empresas estatais prestadoras de serviços públicos aplicar-se-iam todas as derrogações — não apenas as constantes da Constituição, como também de leis ordinárias.

Não há como prosperar essa diferenciação, porquanto ambas se submetem ao mesmo modelo de derrogações. Tal ocorre em razão da essência dessas entidades, consideradas *longae manus* do Poder Público. As derrogações devem obedecer ao atendimento das finalidades públicas que justificaram a criação do ente descentralizado, não se vislumbrando a estrita necessidade de prescrições explícitas e/ou taxativas. Caso assim não fosse, restaria seriamente comprometida a lisura dos interesses e atividades empreendidas pelo Estado-Administração[8].

---

(8) Transcreve-se, a propósito, o alerta emanado do professor Celso Antônio Bandeira de Mello (2003, p.101): "É preciso, pois, aturado precato para não incorrer no equívoco de assumir fetichisticamente sua personalidade de direito privado (como costumava ocorrer no Brasil) e imaginar que, por força dela, seu regime pode ensejar-lhes uma desenvoltura equivalente à dos sujeitos cujo modelo tipológico inspirou-lhes a criação. Deveras, a personalidade de direito privado que as reveste não passa de um expediente técnico cujo préstimo

Em outras palavras, as normas próprias do direito privado não podem servir de subterfúgio para driblar os imperativos principiológicos que regem a Administração Pública, seja na atuação direta, seja na atuação indireta.

É sabido, outrossim, que a Administração Pública pode ser submetida a regime jurídico de direito privado ou a regime jurídico de direito público. Quem cuida de dizer qual o regime aplicável aos entes da Administração Pública, regra geral, no Brasil, é a Carta Política.

Dispõe o art. 173, § 1º, da Constituição Federal de 1988, que as sociedades de economia mista que explorem atividade econômica sujeitam-se *"ao regime jurídico próprio das empresas privadas, inclusive quanto aos direitos e obrigações civis e comerciais, trabalhistas e tributárias"*, ou seja, estão jungidas às normas de direito privado.

Observe-se que no § 1º do art. 173 da Constituição, a expressão atividade econômica tem sentido estrito: determina que fiquem sujeitas ao regime próprio das empresas privadas, inclusive quanto às obrigações trabalhistas e tributárias. Isto significa que as sociedades de economia mista "estão sujeitas não as normas aplicáveis às empresas privadas, mas ao regime jurídico próprio delas, e não inclusive quanto ao direito do trabalho e ao das obrigações, mas inclusive quanto às obrigações trabalhistas e tributárias".[9] Isto não quer dizer que, por estarem regidas pelo regime trabalhista, estejam desobrigadas do cumprimento das demais normas.

A bem da verdade, as sociedades de economia mista — entidade integrante da Administração Pública Indireta —, antes de se encontrarem sujeitas ao regime trabalhista, estão subordinadas à Constituição e à lei. Em outras palavras, elas se encontram vinculadas ao princípio da legalidade ou princípio da juridicidade da Administração, segundo o qual todo o Direito e, desde logo, todas as regras e princípios da ordem jurídico-constitucional devem ser tomados em conta na atividade da Administração Pública.

Sobreleva lembrar que, no Estado de Direito Liberal, afirmava-se a sujeição da Administração Pública à lei, no sentido de que ela era entendida como o limite da ação administrativa. Era o que se chamava de formulação negativa; a ação do administrador era limitada pela lei de forma negativa; ou seja, podia fazer tudo aquilo que o rei entendesse, mas só podia ofender direitos de particulares com fundamento numa lei anterior. Nos dias atuais, o

---

adscreve-se, inevitavelmente, a certos limites, já que não poderia ter o condão de embargar a positividade de certos princípios e normas de direito público cujo arredamento comprometeria objetivos celulares do Estado de Direito".

(9) Cf. GRAU, Eros Roberto. *A ordem econômica na Constituição de 1988*. 2. ed. São Paulo: Revista dos Tribunais, 1991. p. 141.

princípio da legalidade é não apenas um limite da ação administrativa, mas também o seu verdadeiro fundamento, só podendo a Administração Pública agir se e na medida em que a norma jurídica lho permitir. Assim, há hoje duas dimensões diferentes do princípio da legalidade: princípio da legalidade negativa, expresso mediante o princípio da prevalência da lei, e o princípio da legalidade positiva, traduzido no princípio da precedência de lei (preferência de lei). Este impede que a Administração atue *contra legem*, ou seja, nenhum ato inferior à lei pode contrariá-la. Aquele (reserva legal) impede que a administração se conduza *praeter legem*[10], o que significa dizer que nenhum ato de categoria inferior à lei pode ser praticado sem fundamento nela.[11]

Dessarte, como diferente não poderia ser, por força do art. 173, § 1º, II, da *Lex Fundamentalis*, aplica-se às sociedades de economia mista o regime jurídico próprio das empresas privadas. Vale de logo adiantar, contudo, que, em nome do princípio da legalidade, só será aplicado o regime jurídico privado onde não estiver expressamente derrogado por norma de ordem pública. Esta interpretação é extraída do princípio da legalidade, segundo o qual toda atividade da Administração Pública se encontra submetida às regras e princípios da ordem jurídico-constitucional. É fato, as empresas estatais, quando despedem empregado do seu quadro de pessoal, afastam-se do regime jurídico privado para dar lugar ao regime jurídico público. Assim, apesar de estar atada às regras trabalhistas, está, de igual forma, obrigada pelos princípios da Administração Pública e pelos princípios que regem o processo administrativo, como será visto no próximo capítulo.

Nesse diapasão, adverte-se para a ideia de que a Administração, quando emprega modelos privatísticos, não apresenta integral submissão ao direito privado; às vezes, ela se nivela ao particular, "no sentido de que não exerce sobre ele qualquer prerrogativa de Poder Público; mas nunca se despe de determinados privilégios, como o juízo privativo, a prescrição quinquenal, o processo especial de execução, a impenhorabilidade de seus bens".[12] Submete-se, porém, a "restrições concernentes à competência, finalidade, motivo, forma, procedimento, publicidade"[13]. Apesar disso tudo, às vezes, mesmo utilizando o direito privado, conserva certas prerrogativas, que "derrogam parcialmente o direito comum, na medida necessária para adequar o meio utilizado ao fim público".[14]

---

(10) NUNES, Rodrigues. *Dicionário jurídico RG – Fenix*. 5. ed. São Paulo: Ed. Associados, 1997. p. 424. *Praeter Legis*: sem lei, fora da lei, além da lei.
(11) ESTORNINHO, Maria João do Rosário. *A fuga para o direito privado*. Coimbra: Livraria Almedina, 1999. p. 175-176.
(12) DI PIETRO, Maria Sylvia Zanella. *Direito administrativo*. 16. ed. São Paulo: Atlas, 2003. p. 64.
(13) *Idem*.
(14) *Idem*.

As empresas estatais são instrumentos de ação do Estado, tendo como traço caracterizador dessas pessoas o de serem "auxiliares do Poder Público; logo são entidades voltadas, por definição, à busca de interesses transcendentes aos meramente privados"[15].

Em conclusão, pode-se garantir que se aplica às estatais o regime jurídico híbrido, porque o direito privado é parcialmente derrogado pelo direito público. O fato de gozarem de personalidade de direito privado retiraria a dúvida sobre qual legislação lhes é aplicável, daí por que — repete-se — o direito a elas aplicável "será sempre o direito privado, a não ser que se esteja na presença de norma expressa de direito público"[16].

Pode-se dizer, ainda, que embora as empresas estatais possuam personalidade de direito privado — reproduz-se — em razão de suas finalidades, tais entes se submetem ao regime jurídico derrogatório do direito comum, em seus aspectos essenciais. Significa dizer que se presume a aplicação do direito privado, desde que não haja norma publicística em contrário, caracterizando-se seu regime jurídico como híbrido.

Em virtude desse regime híbrido, as normas aplicáveis às empresas estatais, quando sujeitas a conflito ou colisão, precisam lançar mão de métodos interpretativos constitucionais na solução dos casos concretos.

Nesse sentido, é importante, agora, de forma digressiva, mas necessária, examinar os critérios usados para solucionar os conflitos aparentes entre os arts. 37 e 173 da Constituição Federal brasileira de 1988.

2.3 Dos critérios para solucionar a colisão aparente entre as normas que regem as empresas estatais sujeitas ao regime jurídico híbrido

Após a promulgação da Constituição de 1988, surgiram diversos questionamentos levados à apreciação do Poder Judiciário Trabalhista por empregados públicos de empresas estatais, demitidos de seus empregos imotivadamente, exatamente por conta da redação dos arts. 37 e 173 da citada Carta.

De um lado, os empregados alegam que, por força do estatuído no art. 37, *caput*, da Carta Política de 1988, não podem ter seus contratos de trabalho terminados sem a devida motivação, sem que lhes sejam assegurados o devido processo legal, o contraditório e a ampla defesa, daí por que entendem

---
(15) Cf. MELLO, Celso Antônio Bandeira de. *Curso de direito administrativo*. São Paulo: Malheiros, 2003. p. 189.
(16) Nesse sentido, igualmente, DI PIETRO, Maria Sylvia Zanella. *Direito administrativo*. 16. ed. São Paulo: Atlas, 2003. p. 383.

ser nulos tais atos. Do outro lado, os empregadores, representados pelas empresas estatais, afirmam que o art. 173, § 1º, inciso II, da Constituição Federal, lhes concede o direito potestativo de despedir livremente empregados que não gozam de estabilidade.

Eis o problema posto. Qual a melhor solução? A quem assiste razão? Com efeito, a resposta ao questionamento não passa ao largo da natureza jurídica ou mesmo da própria conceituação de sociedade de economia mista ou de empresa pública, como pode transparecer inicialmente. Pensa-se, contudo, que a solução do problema está mais ligada às normas de interpretação.

A bem da verdade, é importante registrar o fato de que inexiste qualquer conflito entre os comandos expressos nos arts. 37, *caput,* e 173, § 1º, da Constituição Federal do Brasil.

Germana de Oliveira Moraes, ao tratar sobre princípios, em sua obra *Controle jurisdicional da Administração Pública*, em muito colabora para a compreensão do tema em discussão, como a propósito se vê:

> Atualmente, conforme já se firmou anteriormente, ultrapassada a dicotomia entre princípios e normas, não se questiona a ideia de que as normas jurídicas compreendem tanto as regras, normas em sentido estrito, quanto os princípios.
>
> Os princípios, cuja superioridade e hegemonia na pirâmide normativa se reconhece a partir de sua positivação nos textos constitucionais, rotulados de "normas-chave de todo ordenamento jurídico" e considerados o "oxigênio das Constituições na época do pós-positivismo", são, na expressão de Paulo Bonavides, "compreendidos, equiparados e até mesmo confundidos com os valores" e "enquanto valores fundamentais, governam a Constituição, o regime, a ordem jurídica. Não são apenas a lei, mas a sua extensão, substancialidade, plenitude e abrangência.
>
> De acordo com essa perspectiva doutrinária, ocorreu, no Brasil, a partir da Carta Política de 1988, a constitucionalização dos princípios da Administração Pública. O *art. 37 da atual Constituição Federal refere--se de forma expressa aos princípios de observância indeclinável pela Administração Pública direta e indireta,* de qualquer dos Poderes da União: os princípios de legalidade, impessoalidade, moralidade e publicidade.[17] (grifo nosso)

---

(17) MORAES, Germana de Oliveira. *Controle jurisdicional da Administração Pública*. São Paulo: Dialética, 1999. p. 105-106.

Para *José Joaquim Gomes Canotilho*, as diferenças entre regras e princípios podem assim ser resumidas:

(1) os princípios são normas jurídicas impositivas de uma optimização, compatíveis com vários graus de concretização, consoante os condicionalismos fáticos e jurídicos; as regras são normas que prescrevem imperativamente uma exigência (impõem, permitem ou proíbem) que é ou não cumprida (nos termos de *Dworkin: applicable in all-or-nothin fashion)*; a convivência das regras é antinômica. Os princípios coexistem; as regras antinômicas excluem-se;

(2) consequentemente, os princípios, ao constituírem exigências de optimização, permitem o balanceamento de valores e interesses (não obedecem, como as regras, à lógica do "tudo ou nada"), consoante o seu peso e a ponderação de outros princípios eventualmente conflituantes; as regras não deixam espaço para qualquer outra solução, pois se uma regra vale (tem validade) deve cumprir-se na exata medida das suas prescrições, nem mais nem menos;

(3) em caso de conflito entre princípios, estes podem ser objecto de ponderação, de harmonização, pois eles contêm apenas "exigências" ou "standards" que, em "primeira linha" (*prima facie*), devem ser realizados; as regras contêm "fixações normativas" definitivas, sendo insustentável a validade simultânea de regras contraditórias;

(4) os princípios suscitam problemas de validade e peso (importância, ponderação, valia); as regras colocam apenas questões de validade (se elas não são corretas devem ser alteradas).[18]

O conceito antigo de princípio foi omisso quanto ao seu principal traço caracterizador, ou seja, sua normatividade, sendo importante ressaltar que a principal contribuição da doutrina contemporânea foi a introdução no conceito de princípio daquele seu traço caracterizador.

Os princípios "repartem-se em duas categorias: a dos que assumem o caráter de ideias jurídicas norteadoras, postulando concretização na lei e na jurisprudência, e a dos que, não sendo apenas *ratio legis*, mas também, *lex*, se cristalizam desse modo, consoante Larenz assinala, numa regra jurídica de aplicação imediata"[19]. Complementa *Paulo Bonavides* ao dizer que os da primeira categoria, desprovidos do caráter de norma, são princípios "abertos", ao passo que os outros se apresentam como "princípios normativos".

---

(18) CANOTILHO, José Joaquim Gomes. *Direito constitucional*. Coimbra: Livraria Almedina, 1991. p. 173-174.
(19) BONAVIDES, *op. cit.*, p. 244.

E é, portanto, no âmbito dessa segunda categoria, princípios normativos, que se entende estar a solução do problema exposto. Com efeito, o art. 37 da Constituição Federal traz princípios constitucionais atinentes à Administração Pública direta, indireta e fundacional, enquanto a norma constante do art. 173, § 1º, inciso II, da Carta Política de 1988, é apenas uma regra jurídica, que, na sua interpretação, deve receber o influxo dos princípios constitucionais da Administração Pública, uma vez que se trata de norma respeitante às empresas públicas e às sociedades de economia mista, entidades integrantes, por definição, da Administração Pública Indireta[20].

No conflito entre uma e outra, há de prevalecer a primeira, uma vez que a última é uma regra jurídica, sem qualquer força vinculativa quando em choque com a principiologia constitucional brasileira.[21]

Isso ocorre porque um dos princípios fundamentais da interpretação constitucional é o *princípio da unidade da Constituição*, segundo o qual as normas constitucionais devem ser interpretadas em conjunto, para evitar possíveis contradições com outras normas constitucionais.

O fato de aceitar a ideia de que todas as normas constitucionais apresentam o mesmo nível hierárquico não significa dizer que todas as normas ali insertas têm o mesmo valor. Dentro da Constituição, existem dois tipos de normas: as normas-princípios e as normas-regras, daí vem a importância de o intérprete saber qual a vontade "unitária da Constituição, evitando contradições, antinomias e antagonismos aparentemente existentes entre suas normas".[22]

Pelo princípio da unidade da Constituição, o intérprete deve considerar a norma como integrante de um sistema harmônico e unitário de regras e princípios. Daí por que, quando da "interpretação de uma norma constitucional, deverá ser levado em conta todo o sistema, tal como positivado", dando-se, porém, "ênfase para os princípios que foram valorizados pelo Constituinte".[23]

Vê-se, por conseguinte, que a interpretação da Carta Grande não pode ter como resultado o sacrifício de um bem constitucional em benefício de outros. Há de se ponderar na solução dos conflitos entre as normas-princípios

---

(20) PINHO, Judicael Sudário de. Da impossibilidade jurídica de livre despedimento de empregados nas empresas estatais na vigência da constituição federal de 1988. In: SOARES, Ronald; PINHO, Judicael Sudário de. *Estudos de direito do trabalho e direito processual do trabalho*: homenagem a Aderbal Nunes Freire. São Paulo: LTr, 1999. p. 91-118, p. 100.
(21) *Ibidem*, p. 104.
(22) *Ibidem*, 1999, p. 105.
(23) *Idem*.

e normas-regras, objetivando uma harmonização ou concordância entre os bens tutelados pela ordem constitucional.

Seja qual for o método utilizado, lógico-sistemático ou teleológico-sistemático, o princípio da unidade e da integração da Constituição tem de permanecer. O primeiro método estabelece que, para descobrir a *ratio legis*, "toda norma jurídica pertence a um sistema, do qual não pode ser ilhada, sob pena de não se manter a coerência"[24], o que significa dizer que o real significado de uma norma somente pode ser desvendado com o emprego dos elementos lógicos disponíveis e dos princípios os mais gerais e abstratos do sistema; o segundo método (teleológico-sistemático) procura conferir unidade à Constituição mediante uma interpretação que busca realizar os fins prescritos no seu próprio texto, tendo como resultado espontâneo a sistematização.

Diante de tudo o que foi exposto, começa a ficar evidente por que não podem as estatais, com fulcro no art. 173, § 1º, II, da Carta Política de 1988, despedir imotivadamente seus empregados, pois, caso seja entendida como autorizada a rescisão sem justa causa do contrato de trabalho desses empregados públicos, com supedâneo do mencionado artigo, estar-se-ia violando toda a principiologia inserta no *caput* do art. 37 da citada Lei Maior, a que está submetida toda a Administração Pública. E, como é sabido, a violação a um princípio é muito mais grave do que a violação a uma regra. Logo, cabe ao intérprete dar a cada caso *in concreto* a verdadeira intenção do legislador.

Como compatibilizar, então, o art. 37, *caput,* da Carta Política de 1988, que determina a obrigatoriedade do cumprimento dos princípios da legalidade, impessoalidade, moralidade, publicidade e eficiência, com o inciso II, § 1º, do art. 173 da mesma Carta, que obriga a aplicação às sociedades de economia mista do regime jurídico próprio das empresas privadas, inclusive quanto aos direitos e obrigações civis, comerciais, trabalhistas e tributários?

Como informado, lançando mão dos métodos interpretativos (lógico-sistemático ou teleológico-sistemático), em nome do princípio da unidade da Constituição, o intérprete não pode desprezar o valor, inserto na Carta Política, do respeito à dignidade da pessoa humana e outros fatores, tais como, primeiro, que Constituição Federal de 1988 teve por objetivo (*telos*) principal estancar os desmandos visíveis ocorrentes na Administração Pública Indireta; segundo, o fato de que a interpretação não pode levar ao absurdo; terceiro, que as normas-princípios estão num grau de hierarquia valorativa,

---

(24) HECK, Luiz Afonso. Hermenêutica da constituição econômica. *Revista de Informação Legislativa*, Brasília, v. 29, n. 113, p. 22-28, jan./mar. 1992.

pode-se assim dizer (sabe-se que dentro da Constituição inexiste hierarquia), mas num sentido de peso, em que aquelas normas-princípios estão em superioridade em relação às normas-regras, o que conduz às seguintes ilações, à luz de uma interpretação unívoca da Constituição:

    a) se, por motivo de moralização do serviço público, as sociedades de economia mista só podem admitir trabalhadores ou servidores mediante concurso público, é lógico que seu poder potestativo de demitir, inerente ao poder de direção do empregador da iniciativa privada, não lhe pode ser aplicado, pois seria tornar inócua a regra de moralização pretendida pela Carta de 1988. Ademais, por qualquer motivo político ou por critérios subjetivos do próprio administrador, elas poderiam demitir sem terem de prestar contas do seu ato, o que, numa interpretação apressada, poderá levar a injustiças sem precedentes;

    b) é sabido que na Administração Pública não há liberdade, nem vontade pessoal. Enquanto o particular pode fazer tudo o que não é proibido, na Administração Pública, por estar obrigada a cumprir o princípio da legalidade, só é permitido fazer o que a lei autoriza. A lei para o particular é uma faculdade, um poder-fazer. Para o administrador público, significa dizer que ele deve fazer. Sendo assim, considera-se que o princípio da legalidade tem como corolário o princípio da motivação dos atos, que impõe a obrigatoriedade de motivação dos seus atos, sob pena de nulidade. E aqui se chega ao motivo justificador da necessidade de motivação dos atos de despedidas das sociedades de economia mista.

A motivação do ato administrativo validará a conduta do administrador, pois, se assim não fosse, como poderia ser feito o controle do citado ato pelo Poder Judiciário?

Conclui-se, portanto, que a dispensa imotivada de empregados públicos das sociedades de economia mista é vedada pelo art. 37, *caput*, da Constituição Federal, que determina expressamente a obrigatoriedade de obediência, por parte da Administração Pública Direta e Indireta, aos princípios da legalidade, impessoalidade, moralidade, publicidade e aos demais inscritos nos vinte e um incisos do mesmo artigo.

Por outro lado, não se pode olvidar a ideia de que a Constituição é um todo harmônico, e sua interpretação não pode ser feita à luz de dispositivo isolado, sobretudo quando ignora as garantias individuais do cidadão, a proteção da família e o respeito à dignidade do trabalhador.

Demonstrada a importância dos princípios na interpretação e na solução do questionamento posto, bem como o fato de que o regime jurídico das empresas estatais é híbrido, passa-se ao exame do devido processo legal e da necessidade de observância de processo administrativo na dispensa de empregado público, para, então, tratar das consequências fáticas do processo administrativo, no último capítulo.

3. O DEVIDO PROCESSO LEGAL E A NECESSIDADE DE OBSERVÂNCIA DE PROCESSO ADMINISTRATIVO NA DISPENSA DE EMPREGADO PÚBLICO

Busca-se analisar a existência do direito ao devido processo legal na dispensa dos empregados públicos. Para tanto, urge delimitar o alcance desse princípio e a sua instrumentalização mediante processo administrativo.

3.1 O princípio do devido processo legal

Qualquer pretensão de conceituar o *devido processo legal* deverá levar em consideração sua origem, que remonta aos reinados de Henry I (1100 a 1135) e Henry II (1154 a 1189), culminando com a assinatura da Magna Carta pelo Rei João Sem-Terra (John Lackland — 1199 a 1216), que sucedeu ao seu irmão Ricardo Coração de Leão (Richard the Lion Heart — 1189 a 1199).[25]

Em sua origem, o devido processo legal confundiu-se com a própria *Common Law*. O conceito depois evoluiu como modo de contenção do chefe de governo, visando a evitar o cometimento de arbitrariedades, como retirar do membro da comunidade seu direito à vida, liberdade ou propriedade. Com o tempo, alcançou os departamentos subalternos do Governo.

Nesse sentido, pronunciou o Chief Justice Burger da Suprema Corte dos Estados Unidos: "O conceito do devido processo legal abraçado em nossa Constituição remonta diretamente, há 600 anos atrás, a Runnymede. É mais do que um conceito técnico legal, pois ele permeia nossa Constituição, nossas leis, nosso sistema e nosso próprio modo de vida — que a toda pessoa deverá ser concedido o que é devido".[26]

A abrangência do conceito foi delineada, em 1884, pelo Associate Justice Harlan (Hurtado v. California), quando afirmou: "O governo deve ser confinado

---

(25) WRIGHT, Louis. *Magna Carta and tradition of liberty*. US Capitol Society, 1976. p. 18.
(26) "The Due Process concept embraced in our Constitution traces directly back nearly 600 years to Runnymede. It is more than a technical legal concept for it pervades or Constitution, our laws, our system, and our very way of life — that every person shall be accorded what is due." (BURGER, Justice. *Magna Carta and the tradition of liberty*. US Capitol Society, 1976, preface).

dentro dos limites daqueles princípios fundamentais de liberdade e justiça, deitados na fundação de nossas instituições civis e políticas, os quais nenhum Estado pode violar consistentemente com o princípio do devido processo legal requerido pela Emenda n. 14 nos procedimentos envolvendo vida, liberdade ou propriedade".[27]

Abraham e *Perry* fornecem noção mais ampla e refinada, ao dizerem: "O conceito do devido processo legal e sua aplicação aos nossos governos estadual e federal é baseado em um extensivo reservatório de limitações constitucionais expressas e implícitas sobre a autoridade governamental, fundamentalmente determinado pelo processo judiciário, sobre as noções básicas de lisura e decência que governam, ou devem governar, o relacionamento entre legislador e legislado".[28]

Adhemar Maciel, reconhecendo a dificuldade de se definir o devido processo legal, informa que Thomas Cooley procurou dar uma ideia do leque de proteção do instituto: "O termo devido processo legal é usado para explicar e expandir os termos vida, liberdade e propriedade e para proteger a liberdade e a propriedade contra legislação opressiva ou não razoável, para garantir ao indivíduo o direito de fazer de seus pertences o que bem entender, desde que seu uso e ações não sejam lesivos aos outros como um todo".[29]

Apesar de a conceituação ser filosófica, a verificação de observância do devido processo se faz, pelo Judiciário, caso a caso. Nesse sentido, cotejem-se os pronunciamentos da Suprema Corte dos Estados Unidos:

Twining v. New Jersey — 1908: "Poucas cláusulas do direito são tão evasivas de compreensão exata como essa [...]. Esta Corte se tem sempre declinado em dar uma definição compreensiva dela e prefere que seu significado pleno seja gradualmente apurado pelo processo de inclusão e exclusão no curso de decisões dos feitos que forem surgindo."

Holden v. Hardy — 1898: "Este tribunal jamais tentou definir com precisão as palavras *the due process of law* [...] basta dizer que existem certos

---

(27) "Governments should be confined within the limits of those fundamental principles of liberty and justice, lying at the foundation of our civil and political institutions, which no State can violate consistently that due process of law required by the Fourteenth Amendment in proceedings involving life, liberty, or property." (ABRAHAM, Henry J.; PERRY, Barbara A. *Freedom and the Court*. London: Oxford University Press, 1994. p. 94).
(28) "The concept of due process of law and its application to our federal and state governments is based on an extensive reservoir of constitutionally expressed and implied limitations upon governmental authority, ultimately determined by the judicial process, and upon those basic notions of fairness and decency which govern, or ought to govern, the relationships between rulers and ruled."(ABRAHAM, Henry J.; PERRY, Barbara A. *Op. cit.*, p. 95).
(29) MACIEL, Adhemar Ferreira. Separata. *Scientia juridica*. Portugal: Universidade do Minho, 1994. p. 373.

princípios imutáveis de justiça aos quais é inerente a própria ideia de governo livre, a qual nenhum membro da União pode desconhecer."

Solesbee v. Balkcon — 1950: "Acha-se assentada a doutrina por essa Corte que a cláusula do *due process* enfeixa um sistema de direitos baseado em princípios morais tão profundamente enraizados nas tradições e sentimentos de nossa gente, de tal modo que ela deve ser julgada fundamental para uma sociedade civilizada tal como concebida por toda a nossa história. *Due process* é aquilo que diz respeito às mais profundas noções do que é imparcial, reto e justo."[30]

Vale lembrar que, antes da Constituição federal americana, de 1787, algumas constituições estaduais, tais como as de Maryland, Pensilvânia e de Massachusetts, repetiam o comando expresso na Magna Carta e na Lei de Eduardo III.

A "Declaração de Direitos" da Virgínia, de 16.08.1776, tratava, na seção 8ª, do devido processo legal. Foi, contudo, a "Declaração de Direitos" de Maryland, de 03.11.1776, que referenciou expressamente as palavras vida, liberdade e propriedade. Fazendo, igualmente, referência ao trinômio citado, vieram a "Declaração dos Direitos" da Carolina do Norte, em 14.12.1776, as Constituições das Colônias de Vermont (por declaração que se incorporou à Constituição de 08.07.1777), de Massachusetts (25.10.1780) e de New Hampshire (02.06.1784). Foi o postulado em tela incorporado à Constituição de Filadélfia, pelas Emendas 5ª e 14ª.[31]

Por longo tempo, o direito dos Estados Unidos da América (EEUU) apenas conheceu o devido processo legal procedimental, talvez por influência da *Common Law,* inspirada, por sua vez, na Magna Carta, e, também, no pronunciamento autorizado de Hamilton. De acordo com esse imbatível defensor da nova ordem política federalista, o devido processo legal, na intenção dos elaboradores da Constituição Americana de 1787, deveria ser apenas procedimental. Eis a sua advertência: "As palavras *due process* importam um preciso significado técnico e são somente aplicadas ao processo e procedimento das Cortes de justiça; elas não podem nunca se referir a um ato do legislativo".[32]

---

(30) MACIEL, Adhemar Ferreira. *Op. cit.,* p. 373-374.
(31) Texto traduzido: "(...) nenhuma pessoa será privada de sua vida, liberdade ou propriedade, sem o devido processo legal". Diz a Emenda V : "ninguém será compelido em nenhum processo penal a ser testemunha contra si próprio, ou ser privado da vida, liberdade, ou propriedade, sem o devido processo legal"; a Emenda XIV, por sua vez, fala em sua seção I que: "nenhum Estado privará qualquer pessoa da vida, liberdade ou propriedade, sem o devido processo legal". (MACIEL, Adhemar Ferreira. O devido processo legal e a Constituição brasileira de 1988. *Revista de Processo*, São Paulo, n. 85, p. 175, jan./mar.1997).
(32) "The words 'due process' have a precise technical import, and are only applicable to the process and proceedings of the courts of justice; they can never be referred to an act of the legislature." (HAMILTON, Alexander. *The papers of Alexander Hamilton.* New York: Columbia University Press, 1962. p. 35).

A conceituação procedimental do devido processo, por estar amalgamada no direito há longos anos, não oferece maior dificuldade de entendimento. O devido processo legal procedimental refere-se à maneira pela qual a lei, o regulamento, o ato administrativo ou a ordem judicial são executados. Verifica-se apenas se o procedimento empregado por aqueles que estão incumbidos da aplicação da lei, ou regulamento, viola o devido processo legal, sem se cogitar na substância do ato. Em outras palavras, refere-se a um conjunto de procedimentos (como informar alguém do crime de que está sendo acusado, ou seu direito de permanecer calado, ou de consultar um advogado), que deve ser aplicado sempre que de alguém for retirada alguma liberdade básica.

De acordo com *Bernard Schwartz*, foi durante a gestão do Chief Justice Taney (1837/1864) que se afirmou, pela primeira vez, na jurisprudência da Suprema Corte, quando se julgou o famoso caso Dred Scott (1857), que a cláusula do devido processo legal tinha, além do aspecto processual, um substantivo. Taney disse no acórdão: "Uma lei que retira do cidadão sua propriedade em escravos, simplesmente porque ele traz tal propriedade a um território, é arbitrária, não razoável e, portanto, violadora do devido processo".[33]

A partir desse entendimento, após a Emenda n. 14, de 1868, como observou o Justice Brandeis (*Whiteney v. California*, 1974), em voto concorrente proferido na Suprema Corte, "a despeito dos argumentos em contrário, os quais me parecem persuasivos, ficou assentado que a cláusula do devido processo, estabelecida na Emenda n. 14, aplica-se a matéria substantiva de lei ou, como também, a assuntos de procedimentos".[34]

Segundo *Adhemar Maciel*[35], o Justice John M. Harlan procurou mostrar em *Paul v. Ullman* — 1961, que a cláusula *due process*, caso fosse tomada só como garantia processual, seria ineficaz na defesa contra leis que pusessem em risco a vida, a liberdade e a propriedade do indivíduo. Sintetizou ele, invocando o caso *Hurtado v. California* — 1884: "Assim as garantias do devido processo, embora tendo suas raízes no *per legem terrae* da Magna Carta e considerada como salvaguardas processuais contra a usurpação e tirania do executivo, também se transformaram neste país numa (verdadeira) barreira contra a legislação arbitrária."

---

(33) "A law which deprives a citizen of his property in slaves simply because he brings such property into a territory is arbitrary and unreasonable and hence violative of due process." (SCHWARTZ, Bernard. *A history of the Supreme Court*. London: Oxford University Press, 1993. p. 117).
(34) "Despite arguments to the contrary which had seemed to me persuasive, it is settled that the due process clause of the Fourteenth Amendment applies to matters of substantive law as well as to matters of procedure." (GARVEY, John H.; ALEINIKOFF, T. Alexander. *Modern constitutional theory:* a reader. St. Paul: West Publishing, 1991. p. 88).
(35) MACIEL, Adhemar Ferreira. *Op. cit.*, p. 375.

Sob o aspecto material, o devido processo legal se manifesta em todos os campos do Direito. No Direito Administrativo, afirma que o princípio da legalidade nada mais é do que a manifestação da cláusula *substantive due process*[36]. Os administrativistas identificam o fenômeno do *due process*, muito embora sob outra roupagem, ora denominando-o de garantia da legalidade dos administrados, ora vendo nele o postulado da legalidade. Já se identificou a garantia dos cidadãos contra os abusos do poder governamental, notadamente pelo exercício do poder de polícia, como sendo manifestação do devido processo legal[37].

É sabido que o princípio da autonomia da vontade prevalece no campo do direito privado, daí a consequente liberdade para contratar, realizar negócios jurídicos e praticar atos jurídicos. O particular pode praticar qualquer ato, desde que não proibido por norma de ordem pública, ou seja, contrária aos bons costumes. Prevalece a máxima: "o que não é proibido é permitido". A doutrina o denomina princípio da atipicidade dos negócios jurídicos privados. Ressalte-se, por oportuno, que no Direito Administrativo tal regra não prevalece, pois a Administração somente pode agir *secundum legem*, significando dizer que não pode praticar atos nem celebrar negócios jurídicos atípicos[38]: somente o que é permitido pela lei pode ser objeto da atividade administrativa.

A Administração deve agir nos limites de sua atribuição, não podendo agir *contra legem* ou *praeter legem*, mas sempre *secundum legem,* o que significa dizer de conformidade com a lei e dentro dos limites dados por ela. Esse fenômeno é conhecido como princípio da submissão da Administração à lei, o que, na prática, leva à noção de Estado de Direito.

É indicativo da incidência da cláusula *due process of law* no Direito Administrativo o princípio da submissão da Administração à Lei. A doutrina dos Estados Unidos cita como manifestação do princípio do devido processo legal, ainda, o controle dos atos administrativos, pela própria Administração e pela via judicial.

O *substantive due process* originou-se com o exame da questão dos limites do poder governamental, submetida à apreciação da Suprema Corte dos Estados Unidos da América no final do século XVIII, em 1798, no caso Calde v. Bull, onde restou firmado o entendimento segundo o qual os atos normativos, legislativos e administrativos que violarem

---

(36) Cf. CAETANO, Marcelo. *Manual de direito administrativo.* 9. ed. Coimbra, 1980, vol. II, n. 446, p.1201.
(37) Cf. NERY JUNIOR, Nelson. *Princípios do processo civil na Constituição Federal.* 5. ed. São Paulo: Revista dos Tribunais, 1999. p. 35.
(38) *Idem.*

direitos fundamentais ofendem da mesma forma o devido processo legal, devendo ser nulificados pelo Poder Judiciário.[39]

Com efeito, as decisões, por força desse postulado, hão de ser, substancialmente, devidas. Não basta a regularidade formal, é necessário que uma decisão seja substancialmente razoável e correta. Daí falar-se em um princípio do devido processo legal substantivo, que deve ser obedecido por todos os tipos de processo. É dessa garantia que surgem os princípios da proporcionalidade e da razoabilidade, aqui entendidos como manifestação de um mesmo fenômeno[40].

O *substantivo devido processo legal* refere-se ao conteúdo ou à matéria tratada na lei ou no ato administrativo, ou seja, se a sua substância está de acordo com o devido processo, como cláusula constitucional garantidora das liberdades civis. Envolve, desse modo, aspectos mais amplos da liberdade, como o direito à privacidade ou a uma educação igualitária. O governo tem de demonstrar uma razão imperativa antes de infringir tais liberdades.

Nas palavras do Ministro Carlos Velloso, do Supremo Tribunal Federal brasileiro, "*Due process of law*, com conteúdo substantivo — *substantive due process* — constitui limite ao Legislativo, no sentido de que as leis devem ser elaboradas com justiça, devem ser dotadas de razoabilidade (*reasonableness*) e de racionalidade (*rationality*), devem guardar, segundo W. Holmes, um real e substancial nexo com o objetivo que se quer atingir. Paralelamente, *due process of law*, com caráter processual — *procedural due process* — garante às pessoas um procedimento judicial justo, com direito de defesa".[41]

Desde então, tanto os conceitos do substantivo quanto do processual devido processo legal foram incorporados definitivamente ao Direito dos Estados Unidos da América, não obstante virem sendo objeto de constantes refinamentos jurisprudenciais. Dessa forma, tanto num caso como no outro,

---

(39) Outros exemplos de incidência do *substantive due process* no direito Americano podem ser citados: o direito de contratar, consubstanciado na "cláusula de contrato", afirmada no caso Fletcher v. Peck (1810) em voto de Marshall; b) a garantia do direito adquirido (*vested rights doctrine*); c) a proibição de retroatividade da lei penal; d) a garantia do comércio e interestadual (*commerce clause*), fiscalizados e regrados exclusivamente pela União (art. 22, VIII, CF; art. 1º, Seção 8ª, III, da Constituição Norte-Americana; e) os princípios tributários da anualidade, legalidade, da incidência única (*non bis in idem*) etc.; f) proibição de preconceito racial; g) garantia dos direitos fundamentais do cidadão. Referidos por NERY JUNIOR, Nelson. *Princípios do processo civil na Constituição Federal*. 5. ed. São Paulo: Revista dos Tribunais, 1999. p. 38.

(40) Nesse sentido manifesta-se DIDIER JUNIOR, Fredie. *Direito processual civil*. 5. ed. Salvador: Jus Podivm, 2005. p. 31, ao fazer referência em nota de rodapé n. 9 que "De fato, não há previsão constitucional expressa do princípio da proporcionalidade, conforme apontam Paulo Bonavides e Willis Santiago Guerra Filho. Mas pensamos que esse princípio, não obstante pudesse ser considerado implícito, decorre da garantia do devido processo legal substancial".

(41) ADIn N. 1.511-7 — DF — Medida Liminar de 16.10.1996.

o teste ácido da lei é a sua compatibilidade com a Constituição, com base no princípio do devido processo legal.

Na Constituição Federal do Brasil de 1988, o devido processo legal está assim previsto:

> Art. 5º — Todos são iguais perante a lei, sem distinção de qualquer natureza, garantindo-se aos brasileiros e aos estrangeiros residentes no País a inviolabilidade do direito à vida, à liberdade, à igualdade, à segurança e à propriedade, nos termos seguintes:
>
> (...)
>
> LIV — ninguém será privado da liberdade ou de seus bens sem o devido processo legal;
>
> LV — aos litigantes, em processo judicial ou administrativo, e aos acusados em geral são assegurados o contraditório e ampla defesa, com os meios e recursos a ela inerentes;
>
> (...)

Referida Carta incorporou o princípio do devido processo legal, que remonta à *Magna Charta Libertatum*, de 1215, de vital importância nos direitos inglês e ianque. Igualmente, o art. XI, n. 1, da Declaração Universal dos Direitos do Homem, garante que "todo homem acusado de um ato delituoso tem o direito de ser presumido inocente até que a sua culpabilidade tenha sido provada de acordo com a lei, em julgamento público no qual lhe tenham sido asseguradas todas as garantias necessárias à sua defesa".

Inovando em relação às antigas cartas, a Constituição Brasileira de 1988 referiu-se expressamente ao devido processo legal, além de fazer referência explícita à privação de bens como matéria a beneficiar-se também dos princípios próprios do Direito Processual Penal.

O devido processo legal configura ampla proteção ao indivíduo, atuando tanto no âmbito material de proteção ao direito de liberdade e propriedade quanto na contextura formal, ao assegurar-lhe paridade total de condições com o Estado-persecutor e plenitude de defesa; direito à defesa técnica, à publicidade do processo, à citação, de produção ampla de provas, de ser processado e julgado pelo juiz competente, aos recursos, à decisão imutável, à revisão criminal.

O devido processo legal tem como corolários a ampla defesa e o contraditório, que deverão ser assegurados aos litigantes, em processo judicial ou em procedimento administrativo, e aos acusados em geral (CF/88, art. 5º, inciso LV).

Assim, embora no campo administrativo não exista necessidade da tipificação estrita que subsuma rigorosamente a conduta à norma, a capitulação do ilícito administrativo não pode ser tão aberta ao ponto de impossibilitar o direito de defesa, pois nenhuma penalidade poderá ser imposta, tanto no campo judicial quanto nas searas administrativas ou disciplinares, sem a necessária amplitude de defesa (RTJ, 83/385; RJTJSP, 14/219)[42].

Os princípios do devido processo legal, da ampla defesa e do contraditório são garantias constitucionais destinadas a todos os litigantes, inclusive nos procedimentos administrativos previstos no Estatuto da Criança e do Adolescente (STJ — 6ª Turma — REsp N. 19.710-0/RS — Relator Ministro Adhemar Maciel — Ementário STJ, 10/674)[43].

Por *ampla defesa,* entende-se o asseguramento conferido ao réu de condições que lhe possibilitem trazer para o processo todos os elementos tendentes a esclarecer a verdade ou mesmo de calar-se, se entender necessário, enquanto o *contraditório* é a própria exteriorização da ampla defesa, impondo a condução dialética do processo, pois a todo ato produzido caberá igual direito da outra parte de opor-se-lhe ou de dar-lhe a versão que lhe convenha, ou, ainda, de fornecer uma interpretação jurídica diversa daquela feita pelo autor.

Não há dúvidas de que o reconhecimento constitucional do princípio do devido processo legal, juntamente com os aforismos *nulla poena sine judicio,* ou *sino previo legali judicio,* e com o consagrado princípio *nullum crimen, nulla poena sine lege,* constituem o triplo fundamento da legalidade penal em um Estado de Direito.

Entre as cláusulas que integram a garantia constitucional à ampla defesa, encontra-se a necessidade de defesa técnica no processo, a fim de garantir a paridade de armas entre as partes e evitar o desequilíbrio processual, possível gerador de desigualdade e injustiças. Assim, o princípio do contraditório exige a igualdade de armas entre as partes no processo, possibilitando a existência das mesmas possibilidades, alegações, provas e impugnações.

O contraditório nos procedimentos penais não se aplica aos inquéritos policiais, pois a fase investigatória é preparatória da acusação, inexistindo, ainda, acusado, constituindo, pois, mero procedimento administrativo, de caráter investigatório, destinado a subsidiar a atuação do titular da ação penal, o Ministério Público.

---

(42) Revista do Tribunal de Justiça de São Paulo (RTJS).
(43) Superior Tribunal de Justiça (STJ) e Recurso Especial (REsp).

No Brasil, é possível extrair da Constituição Federal de 1988, como exemplo, algumas garantias básicas, protegidas pelo devido processo, sem prejuízo de outras decorrentes dos princípios adotados, ou mesmo concedidas pela legislação ordinária:

a) decorrentes do direito à vida ou à liberdade (art. 5º): LXI — ninguém será preso senão em flagrante delito ou por ordem escrita e fundamentada de autoridade judiciária competente, salvo nos casos de transgressão militar ou crime propriamente militar, definidos em lei; LXII — a prisão de qualquer pessoa e o local onde se encontre serão comunicados imediatamente ao juiz competente e à família do preso ou à pessoa por ele indicada; LXIII — o preso será informado de seus direitos, entre os quais o de permanecer calado, sendo-lhe assegurada a assistência da família e de advogado; III — ninguém será submetido a tortura nem a tratamento desumano ou degradante; XI — a casa é asilo inviolável do indivíduo, ninguém nela podendo penetrar sem consentimento do morador, salvo em caso de flagrante delito ou desastre, ou para prestar socorro, ou, durante o dia, por determinação judicial; XII — é inviolável o sigilo da correspondência e das comunicações telegráficas, de dados e das comunicações telefônicas, salvo, no último caso, por ordem judicial, nas hipóteses e na forma que a lei estabelecer para fins de investigação criminal ou instrução processual penal; LIII — ninguém será processado nem sentenciado senão pela autoridade competente; LVI — são inadmissíveis, no processo, as provas obtidas por meios ilícitos; LVIII — o civilmente identificado não será submetido a identificação criminal, salvo nas hipóteses previstas em lei; XXXVIII — é reconhecida a instituição do júri, com a organização que lhe der a lei, assegurados: a) a plenitude de defesa; b) o sigilo das votações; c) a soberania dos veredictos; d) a competência para o julgamento dos crimes dolosos contra a vida; XL — a lei penal não retroagirá, salvo para beneficiar o réu; XLV — nenhuma pena passará da pessoa do condenado, podendo a obrigação de reparar o dano e a decretação do perdimento de bens ser, nos termos da lei, estendidas aos sucessores e contra eles executadas, até o limite do valor do patrimônio transferido; XLVI — a lei regulará a individualização da pena e adotará, entre outras, as seguintes: a) privação ou restrição da liberdade; b) perda de bens; c) multa; d) prestação social alternativa; e) suspensão ou interdição de direitos; XLVII — não haverá penas: a) de morte, salvo em caso de guerra declarada, nos termos do art. 84, XIX; b) de caráter perpétuo; c) de trabalhos forçados; d) de banimento; e) cruéis;

b) oriundas do direito de propriedade: indenização prévia, em dinheiro, no caso de desapropriação (art. 5º, XXIV e 182, § 3º), exceto do imóvel rural improdutivo para fins de reforma agrária (art. 184); garantia da manutenção de bens e direitos patrimoniais já incorporados na esfera de disponibilidade do indivíduo (direito adquirido); a lei não violará o ato jurídico perfeito (contrato); e

c) comuns à vida, liberdade e propriedade — a sentença transitada em julgado não será rescindida senão pelas causas e no prazo já estipulado em lei; lei nova não poderá modificá-la (art. 5º, inciso XXXVI); a obrigação de fundamentação das decisões judiciais e administrativas, a fim de se aferir não só sua legalidade estrita, mas também a justiça e moralidade do ato.

Constituem manifestações do *substantivo devido processo legal*: normas que permitem ao Poder Judiciário, como poder político do Estado, aferir sobre a razoabilidade da lei; normas que determinam uma atuação positiva do Estado; direito de igualdade (raça, sexo etc.); direito à privacidade.

Embora o devido processo legal esteja prestes a completar oito séculos, a força sobrepujante da carga jurídica que carregam as poucas letras que enfeixam o princípio (*due process of law*) demonstra um poder dominador tão expressivo que hoje se pode afirmar, com segurança, que todo direito individual se acha tocado por ele. Ao longo dos séculos, o devido processo legal foi imantando os demais direitos fundamentais, interagindo com tal força que passou a vinculá--los todos à sua prévia observância. Até mesmo a outra viga mestra das garantias fundamentais, o direito de igualdade, ficou protegido também pelo devido processo legal. Não se restringe mais a cláusula a vida, liberdade e propriedade. Sob seu manto protetor estão abrigados todos os direitos outorgados pela Constituição, como o da privacidade, da informação, do julgamento justo e imparcial, da fundamentação das decisões, da mais ampla defesa, do contraditório, do direito de o réu não produzir prova que o incrimine etc.

O devido processo legal contagiou todos os direitos fundamentais, inclusive os políticos, e as liberdades e franquias constitucionais, fazendo com que o teste ácido de qualquer imposição estatal passe necessariamente pelo seu crivo dominador. Como se acha impregnado, desde a sua origem, dos componentes de decência e lisura, permite agora ao Poder Judiciário aferir a "justiça" da lei, não apenas mais sob o aspecto único da legalidade[44]. A lei, para atender aos ditames constitucionais da cláusula do devido processo, tem de ser justa, critério que compete ao Poder Judiciário aferir no exame do caso, aplicando-se a doutrina do substantivo processo legal. Desse modo, pelo devido processo legal, restaram harmonizados definitivamente os conceitos

---

(44) A esse propósito, cumpre verificar que a Constituição Brasileira de 1988 define como um dos objetivos da República Federativa do Brasil construir uma sociedade livre, *justa* e solidária, conforme consta do seu art. 3º, inciso I.

de Direito e Justiça, não se admitindo mais a lei que maltrate um desses componentes indissociáveis. Agora, sob a ação do devido processo, Direito e Justiça tornaram-se binômio perpétuo, irrompível, inafastável e inseparável. Conclui-se, em face da cláusula do devido processo legal, que toda lei que, confrontada com a Constituição, for considerada injusta pelo Poder Judiciário, será, natural e irremediavelmente, inconstitucional. Se a lei não traduz o senso do justo, do direito, revelado pela vontade sedimentada do povo, deve ela ser afastada[45].

Ao recepcionar sem restrições o devido processo legal, a Constituição Brasileira de 1988 o adotou em sua plenitude, desde sua concepção até sua fase evolutiva atual no direito dos Estados Unidos da América, de sorte que, quanto à sua aplicação, não deve ser levantado argumento restritivo algum, como o que afirma que o sistema jurídico brasileiro não tem base histórica na *Common Law*. A esta objeção é possível responder com a afirmação de que o direito americano moderno, principalmente por força de sua Constituição escrita, formal e rígida, apóia-se sobretudo no sistema legislativo (*Statute*), fundado no modelo continental europeu, semelhante ao vivenciado no Brasil, com abandono, cada vez mais intenso, da *Common Law*, realidade que pode ser vista pelo número de leis editadas naquele País (federais e estaduais).

A Administração do Estado, numa evidência que ressumbra das centenas de processos que lhe são promovidos, desvaira de um pretenso direito de resilir contratos de trabalho, numa potestade quase absoluta, invocada como álibi da vontade pessoal de seus dirigentes. Pessoal, há de se dizer, porque vazia de qualquer justificativa que legitime a ruptura de contratos de trabalho, plasmados no trato sucessivo, em atividades com virtualidade de serviço público, essencial e permanente.

Defende-se a posição de que bastaria a norma constitucional haver adotado o princípio do *due process of law* para que daí decorressem todas as consequências processuais que garantiriam aos litigantes o direito a um processo e a uma sentença. Ele seria o gênero do qual os demais princípios (publicidade, impossibilidade de utilização de prova obtida por meio ilícito, o juiz natural, o contraditório e o procedimento regular) são espécies ou manifestações.

O devido processo legal em sentido genérico[46] caracteriza-se pelas expressões vida, liberdade e propriedade, significando dizer que o respeito

---

(45) É esse o pensamento de Fernando da Costa Tourinho Neto, In: *A justiça, a lei e os novos movimentos sociais*. Cartilha Jurídica — TRF 1ª Região, n. 42, p. 13.
(46) O princípio tem fundamento constitucional nas Emendas ns. 5 e 14 da Constituição dos Estados Unidos da América. Cf. NERY JUNIOR, Nelson. *Princípios do processo civil na Constituição...*, p. 33.

à tutela da vida, liberdade e propriedade está sob o manto da proteção do *due process of law*.

É nesse sentido amplo que a expressão devido processo legal é acolhida na Constituição Federal de 1988 (art. 5º, LIV), que dispõe sobre a proteção da liberdade e dos bens, com nítida inspiração nas Emendas ns. 5 e 14 da Constituição dos Estados Unidos.

O devido processo legal no seu sentido genérico — repita-se — caracteriza-se de duas formas: sentido material (*substantive due process*) e formal (*procedural due process*), para indicar, respectivamente, a "incidência do princípio em seu aspecto substancial, vale dizer, atuando no que respeita ao direito material, e, de outro lado, a tutela daqueles direitos por meio do processo judicial administrativo".[47]

O devido processo legal, quando referido pelo sistema jurídico inglês pela Magna Carta de 1215, ressalvava seu aspecto protetivo no âmbito do processo penal, com características, portanto, meramente processualísticas.

O alargamento do âmbito de abrangência do "devido processo legal" foi ditado pela doutrina e pela jurisprudência, em nome dos direitos fundamentais.

O devido processo legal em sentido processual (*procedural due process*) tem o significado mais limitado, restrito. No Direito Processual ianque, a cláusula *procedural due process* tem o significado de garantir ao litigante: a) comunicação adequada sobre a recomendação ou base da ação governamental; b) um juiz imparcial; c) a oportunidade de deduzir defesa oral perante o juiz; d) a oportunidade de apresentar provas ao juiz; e) a chance de repperguntar às testemunhas e de contrariar provas que forem utilizadas contra o litigante; f) o direito de ter um defensor no processo perante o juiz ou tribunal; g) uma decisão fundamentada com base no que consta dos autos.

A Suprema Corte dos Estados Unidos da América aplicava os princípios fundamentais de liberdade e justiça como justificadores da cláusula constitucional. É nesse sentido que a doutrina, no Brasil, aplica a expressão devido processo legal. Em outras palavras, a cláusula *procedural due process of law* nada mais é do que a possibilidade efetiva de a parte ter acesso à justiça, deduzindo pretensão e defendendo-se do modo mais amplo possível.

---

(47) Cf. NERY JUNIOR, Nelson. *Princípios do processo civil na Constituição Federal*. 5. ed. São Paulo: Revista dos Tribunais, 1999. p. 35.

A Constituição brasileira de 1988, ao disciplinar o devido processo legal como cláusula obrigatória nas relações praticadas pela Administração Pública, pelo Legislativo e pelo Judiciário, torna desnecessária a citação de alguns dos demais incisos do art. 5º daquela Cártula. Extrai-se, contudo, do fato de o legislador ter disciplinado de forma pormenorizada as garantias fundamentais decorrentes do devido processo legal, que foi essa a forma encontrada para enfatizar a importância do devido processo legal, como fonte norteadora da conduta do administrador público.

Vê-se, por conseguinte, que o princípio passou por notável evolução, tanto na Inglaterra como nos Estados Unidos, ampliando sua aplicação e desenvolvendo, em especial, o seu contorno material. Vale dizer, já não bastava apenas obedecer aos trâmites exigidos para a feitura da lei — devido processo legal formal —, esta deveria, necessariamente, guardar razoabilidade e proporcionalidade sob três aspectos: adequação, necessidade e proporcionalidade em sentido estrito[48].

Hodiernamente, o princípio configura dupla proteção ao indivíduo. Em seu ponto de vista estritamente formal, impõe não apenas um trâmite processual previamente estabelecido, mas também a necessária observância a princípios processuais, sob pena de invalidade do ato praticado. Não é qualquer processo que atende às suas exigências, mas apenas o que, previsto em lei, assegure aos cidadãos efetiva participação, mediante o exercício de várias garantias processuais. A concretização dessa sua função formal é possibilitada por uma série de princípios constitucionais (contraditório, ampla defesa, motivação, publicidade, imparcialidade etc.).

O contorno material do princípio representa um óbice ao exercício arbitrário do poder estatal, impondo o fiel desempenho dos misteres públicos. Relaciona-se com uma proteção ao direito de liberdade, na medida em que limita a atuação estatal em benefício dos direitos e garantias individuais e, concomitantemente, impõe atuações positivas do Estado, visando ao atendimento de suas finalidades.

No Brasil, inovando em relação às constituições anteriores, a Carta atual — repita-se — referiu-se expressamente ao *devido processo legal*,

---

[48] Como explica José dos Santos Carvalho Filho: "Segundo a doutrina alemã, para que a conduta estatal observe o princípio da proporcionalidade, há de revestir-se de tríplice fundamento: 1) *adequação,* significando que o meio empregado na atuação deve ser compatível com o fim colimado; 2) *exigibilidade,* porque a conduta deve ter-se por necessária, não havendo outro meio menos gravoso ou oneroso para alcançar o fim público, ou seja, o meio escolhido é o que causa o menor prejuízo possível para os indivíduos; 3) *proporcionalidade em sentido estrito,* quando as vantagens a serem conquistadas superarem as desvantagens" (grifo no original). CARVALHO FILHO, José dos Santos. *Processo administrativo federal.* 2. ed. Rio de Janeiro: Lumen Juris, 2005. p. 25.

razão pela qual se conclui, de forma antecipada, que a relação empregado e empregador público está sob o manto do poder público, o que leva à obrigatoriedade da aplicação da cláusula do *due process of law* nos processos de despedida de empregado público. Entendimento contrário é violação expressa ao art. 1º da Constituição do Brasil, que traz como um dos fundamentos os valores sociais do trabalho.

É importante salientar, por último, que a segurança jurídica é axioma que deve inspirar todo o mundo jurídico, daí a razão de se encontrar a segurança jurídica toda vez que se observam a legalidade, a impessoalidade, a finalidade, e a moralidade administrativa. Dessa forma, pode-se afirmar que a grande segurança de Administração e administrado no processo administrativo consiste na observância do devido processo legal, vale dizer, no respeito às linhas traçadas pela lei reguladora, bem como no cumprimento dos postulados básicos já aqui examinados. Vale salientar que a segurança jurídica já emana, naturalmente, de três aspectos básicos: 1º) o devido processo legal; 2º) o contraditório e ampla defesa; 3º) o princípio da publicidade dos atos praticados no curso do processo[49].

Interessa a essa altura, portanto, delimitar a utilização do devido processo legal como garantia apta a limitar o mérito ou a substância dos atos do Poder Público. A análise do tema exige o esclarecimento acerca das noções de processo administrativo, em especial, da Lei n. 9.784, de 29 de janeiro de 1999, para o fim de definir o seu âmbito de incidência e delimitar a possibilidade de aplicá-lo nos atos da dispensa de empregados públicos.

3.2 Processo administrativo — Lei n. 9.784, de 29.01.1999

A nova lei de processo administrativo federal (n. 9.784/99) surgiu como mecanismo de ensejo a um efetivo devido processo, sobretudo em defesa dos administrados, com o intuito de se obter legitimidade nas decisões — isto é, com a correta aplicação da lei ao caso concreto —, evitando-se a arbitrariedade do administrador público e a afronta às garantias e direitos constitucionalmente consagrados.

Uma lei geral de processo administrativo produz garantias à própria Administração Pública (ou a quem lhe faça as vezes). Traz aos agentes instrumentos hábeis para resolver o processo administrativo em consonância

---

(49) CARVALHO FILHO, José dos Santos. *Processo administrativo federal*. 2. ed. Rio de Janeiro: Lumen Juris, 2005. p. 25.

com o Estado Democrático de Direito, evitando-se que se editem atos administrativos eivados de ilegalidades.

Com a edição de uma lei reguladora do processo administrativo, vislumbram-se meios mais efetivos de controle por parte dos administrados perante a atos expedidos pela Administração, ofertando-lhes mecanismos legais a fim de que sejam tomadas decisões calcadas pelos princípios constitucionais e por aqueles próprios do regime administrativo.

O processo administrativo é importante por ser o meio apto a controlar o *modus operandi* formador da decisão (ato administrativo) da Administração, tornando mais segura a prevenção às arbitrariedades.

Assim, de plano, deve ser dito que a importância do processo administrativo é ser meio apto a controlar o *modus operandi* formador da decisão (ato administrativo) da Administração, tornando mais segura a prevenção às arbitrariedades.

Portanto, para haver equilíbrio entre a Administração e os administrados, estes devem participar do elemento formador das decisões administrativas que irão atingi-los — o processo administrativo.

A Lei n. 9.784/99 procura aplicar diretamente nos processos administrativos federais os princípios corroborados pela Lei Maior de 1988, a fim de combater injustiças.

A noção de processo administrativo não é pacífica, principalmente, em face de que alguns entendem que o processo sempre há de ser judicial. Nesse sentido é que rejeitam a expressão processo administrativo, preferindo adotar procedimento administrativo para ressaltar que não se cuida de processo judicial. Para efeito do presente trabalho, procedimento administrativo é o meio, ora rígido, ora flexível, pelo qual se desenvolvem os atos, os fatos e as atividades constantes do processo administrativo. Ao revés, o processo administrativo reflete uma relação jurídica entre pessoas governamentais e privadas em que ressai o objetivo da atividade estatal — um ato ou uma conduta administrativa.[50]

Em outras palavras, o processo é um dos meios de solucionar os conflitos, seja no âmbito administrativo, seja no judicial, enquanto o procedimento será o modo pelo qual esses atos serão praticados, para o fim de atingir a solução dos litígios.

---

(50) Nesse sentido, CARVALHO FILHO, José dos Santos. *Processo administrativo federal.* 2. ed. Rio de Janeiro: Lumen Juris, 2005. p. 7.

No Direito português, o Código de Procedimento Administrativo (CPA), aprovado pelo Decreto-Lei n. 6/96, de 31 de janeiro, estabelece no art. 1º que "entende-se por procedimento administrativo a sucessão ordenada de atos e formalidades tendentes à formação e manifestação da vontade da Administração Pública ou à sua execução". Enquanto processo administrativo é definido no referido Código como o "conjunto de documentos em que se traduzem os actos e formalidades que integram o procedimento administrativo".

Diogo Freitas do Amaral[51], comentando sobre o art. 1º do CPA, ressalta a importância de não confundir o *procedimento administrativo* com o *processo administrativo*: o primeiro, afirma, é uma noção do mundo jurídico; o segundo é uma ideia do mundo físico, e conclui: "o *procedimento* é uma sequência ou sucessão de actos e formalidades", o *processo* é o "conjunto de documentos em que se traduzem os actos e formalidades que integram o procedimento" (CPA, art. 1º, n. 2). O "processo" é também denominado, na prática, como "dossier".

Inexiste unanimidade sobre o conceito de processo administrativo e sua distinção para com o procedimento administrativo, de forma que, para sintetizar a posição adotada, trazem-se os ensinamentos de *Maria Sylvia Zanella di Pietro* (1993, p. 345):

> Não se confunde **processo** com procedimento. O **primeiro existe sempre como instrumento indispensável para o exercício da função administrativa**; tudo o que a Administração Pública faz, sejam operações materiais ou atos jurídicos, fica documentado em um processo; cada vez que ela for tomar uma posição, executar uma obra, celebrar um contrato, editar um regulamento, o ato final é sempre precedido de uma série de atos materiais ou jurídicos, consistentes em estudos, pareceres, informações, laudos, audiências, enfim tudo o que for necessário para instituir, preparar e fundamentar o ato final objetivado pela Administração.
>
> O **procedimento** é o **conjunto de formalidades que devem ser observadas para a prática de certos atos administrativos**; equivale a rito, a forma de proceder; o procedimento se desenvolve dentro de um processo administrativo. (grifo nosso)

Assim, partindo dos três elementos identificadores do processo administrativo (relação jurídica, objetivo, procedimento), repita-se, comunga-se do conceito ofertado por *José Carvalho dos Santos Filho*.

---

(51) AMARAL, Diogo Freitas do. *Curso de direito administrativo*. 6. reimpressão da edição de 2001. Coimbra: Almedina, 2006. v. II, p. 291.

Objetivando assim um equilíbrio entre a Administração e os administrados, estes devem participar do elemento formador das decisões administrativas que irão atingi-los — o processo administrativo.

A sujeição da Administração Pública a um trâmite procedimental nasce das exigências atinentes ao devido processo legal, que, conforme mencionado, engloba a concretização de uma série de princípios processuais considerados consectários de sua efetiva obediência. Citem-se as garantias do contraditório e da ampla defesa, enunciadas expressamente pela Constituição Federal no inciso LV do seu art. 5º:

> LV — **aos litigantes, em processo** judicial ou **administrativo**, e aos acusados em geral **são assegurados o contraditório e ampla defesa**, com os meios e recursos a ela inerentes. (grifo nosso).

A inclusão na Carta Política brasileira de 1988 da garantia individual à observância da ampla defesa e do contraditório nos processos administrativos demonstra a preocupação do legislador em incluir tais garantias. Se dúvida existia sobre a necessidade de haver um processo formalizado no âmbito da administração, com a menção constitucional expressa, esvaziaram-se por completo tais preocupações, uma vez que não se exige simples processo, mas um instituto acobertado pela segurança inerente ao devido processo legal.

As expressões do referido dispositivo reclamam análise detida: lide há quando existe um conflito qualificado por uma pretensão resistida, em que as partes têm interesses opostos. Na dispensa de um empregado público, observa-se esse conflito de interesses, pois a Administração objetiva dispensá-lo e o empregado tenciona não ser dispensado. Identifica-se a existência de partes, no sentido técnico da expressão, em razão das pretensões antagônicas.

A ampla defesa consiste na garantia, dada ao réu, de condições que lhe possibilitem trazer para o processo todos os elementos tendentes a esclarecer a verdade ou mesmo de omitir-se ou calar-se, se entender necessário. A seu turno, o contraditório é a maneira de se externar a ampla defesa, possibilitando a participação das partes em todos os atos do processo, em igualdade de condições, no sentido de que a todo ato produzido pela acusação caberia igual direito de defesa de opor-se-lhe ou de dar-lhe a versão que melhor apresente, ou, ainda, de fornecer uma interpretação jurídica diversa daquela feita pelo autor.

Infere-se do dispositivo constitucional, portanto, que em um processo administrativo que envolva litígio, a participação do interessado por meio dessa garantia individual deve, impreterivelmente, ser assegurada.

A importância assumida pelo processo administrativo, atualmente, reflete a necessidade cada vez maior de justificação do exercício da função administrativa.

Acrescente-se que, conforme já mencionado, é pungente a necessidade de observância do princípio da motivação na elaboração de atos administrativos, para o fim de possibilitar a transparência da atividade administrativa. Deve-se, por conseguinte, conjugar-se o processo administrativo com o princípio da motivação, uma vez que os dois se revelam como garantias de concretização do próprio Estado Democrático de Direito, porquanto possibilitam a efetiva participação e controle do exercício das funções públicas, democratizando a ação estatal.[52]

Em 1999, atendendo à premente necessidade de disciplinamento do real alcance do processo administrativo, foi publicada a Lei Federal n. 9.784/99, estabelecendo regras básicas sobre processo no âmbito da Administração Federal Direta e Indireta e contendo normas sobre os princípios aplicáveis, competência, impedimento, suspeição, forma, tempo, lugar dos atos do processo, comunicação, instrução, decisão, motivação, anulação, revogação e convalidação, recursos administrativos e prazos.

É sabido que o processo administrativo cuida dos interesses públicos, dos interesses dos administrados e dos servidores públicos. Daí por que, como consequência lógica, há os princípios gerais, com previsão no Texto constitucional, que oferecem as linhas mestras que devem ser obedecidas. Tais limites servem para pautar a conduta do administrador e salvaguardar o patrimônio público, bem como servem de escopo para assegurar os direitos dos administrados. A doutrina chama-os de princípios da Administração Pública[53], e encontram assento no art. 37, *caput*, da Carta Política de 1988, assim conhecidos: princípios da legalidade, impessoalidade, moralidade, publicidade e eficiência.[54]

---

(52) Nesse sentido, GUIMARÃES, Bernardo Strobel. Âmbito de validade da lei de processo administrativo para além da administração federal. *Revista de Direito Administrativo,* São Paulo, n. 235, p. 233/235, jan./mar., Ano 2004, p. 234 afirma que "(...) deve a ação administrativa demonstrar que vem pôr em marcha reclames legítimos que vão ao encontro do interesse público. Nesta quadra, o processo administrativo ganha relevo como forma de legitimação do agir estatal, e, por definição da Constituição, justificação do próprio exercício do 'poder'. Conclui-se, pois que o *processo administrativo, máxime em função de sua índole constitucional, é dos instrumentos mais poderosos para que se tenha um exercício democrático e legítimo do agir estatal.* Infelizmente, esta ferramenta é subutilizada, deixando baldo de sentido um importante quadrante da Constituição" (grifo no original).
(53) Cf. MEDAUAR, Odete. *Direito administrativo moderno.* São Paulo: Revista dos Tribunais, 1996. p. 96: "Na doutrina, o rol de princípios do processo administrativo varia de autor para autor, segundo as concepções de cada um e o teor do direito legislado do respectivo país. Especificamente para o processo administrativo a Constituição prevê o princípio do contraditório e da ampla defesa. Os demais decorrem de formulação doutrinária e jurisprudencial e legal".
(54) CF, art. 37. A Administração Pública direta e indireta de qualquer dos Poderes da União, dos Estados, do Distrito federal e dos Municípios obedecerá aos princípios de legalidade, impessoalidade, moralidade, publicidade e eficiência e, também, ao seguinte: (...)

Como uma das formas de introdução dos princípios ao processo administrativo é a legal, pode-se então afirmar que a Lei n. 9.784/99 (Lei Geral do Processo Administrativo Federal — LGPAF), que se aplica a todos os processos administrativos no âmbito da Administração Federal direta e indireta, em que nesta se encontram as sociedades de economia mista e a empresa pública, traz algumas premissas que foram denominadas ora de princípios, ora de critérios, ora de direitos e deveres.

O art. 2º da Lei n. 9.784/99 traz estampados os princípios que devem ser obedecidos pelos entes que compõem a Administração Pública, aqui compreendida a direta e a indireta, por expressa disposição legal do art. 1º da referida lei, conforme se depreende da dicção do artigo anteriormente aludido, *verbis*:

> **Art. 2º**. A Administração Pública obedecerá, dentre outros, aos princípios da *legalidade, finalidade, motivação, razoabilidade, proporcionalidade, moralidade, ampla defesa, contraditório, segurança jurídica, interesse público e eficiência*. (grifo nosso)

Observe-se que a lei que dispõe sobre o processo administrativo federal cuidou de reproduzir dois dos princípios da Administração Pública (Constituição Federal do Brasil, art. 37, *caput*), legalidade e eficiência, acrescentando por expressa disposição legal os demais princípios que de uma forma ou de outra já se encontravam normatizados, ora explícita, ora implicitamente, no ordenamento jurídico brasileiro, como, *verbi gratia*, o princípio da motivação, que é um corolário do princípio da legalidade.

A propósito dos princípios insertos na Lei n. 9.784/99, tem-se o princípio da legalidade, consagrado após séculos de evolução política, que tem por origem o surgimento do Estado de Direito, ou seja, do Estado que está sujeito às próprias leis que emanam do seu poder normativo.

Com efeito, o princípio da legalidade é a base da conduta dos agentes da administração. Este princípio ampara o particular e serve ao interesse público na defesa da norma positiva, dando-lhe um caráter de imparcialidade.

Assim, todo processo administrativo deve ter por escopo uma norma legal específica para garantir-lhe a legalidade dos seus atos, sob pena de tornar-se inválido, sob a óptica do inciso II do art. 5º da Carta Política: "Ninguém será obrigado a fazer ou deixar de fazer alguma coisa senão em virtude de lei".

Na visão de *Celso Antônio Bandeira de Mello*[55], o princípio da legalidade "implica subordinação completa do administrador à lei. Todos os agentes

---

(55) MELLO, Celso Antônio Bandeira de. Legalidade, motivo e motivação do ato administrativo. *Revista de Direito Público*, n. 90, p. 57-58, 1991.

públicos, desde o que lhe ocupe a cúspide até o mais modesto deles, devem ser instrumentos de fiel e dócil realização das finalidades normativas"; ou seja, enquanto os administrados no campo privado podem fazer tudo o que a lei não proíbe, o administrador só pode atuar onde a lei autoriza.

O efeito desse postulado para o particular é de extrema importância. Havendo dissonância entre a conduta do administrador e a lei, deverá aquela ser corrigida para eliminar-se a ilicitude.

Há de fazer-se uma distinção entre o princípio da legalidade — que significa a sujeição e subordinação do comportamento às normas e prescrições editadas mediante o processo legislativo — e o princípio da reserva legal, que decorre daquele, em que a atuação da pessoa está subordinada à lei, de modo que determinadas matérias só podem ser normatizadas mediante lei formal.

Daí por que o regulamento que vai dispor sobre o processo administrativo deve ter suporte legal, observar se a matéria é disciplinada mediante lei formal e se limita à atuação da administração ao cumprimento e observação das condições predeterminadas pela legislação.

Ademais, segundo o princípio da finalidade, o administrador somente pode perseguir objetivos que atendam ao interesse da coletividade, isto é, o alvo administrativo deve consistir sempre na satisfação do interesse público.

A atividade administrativa é teleológica, ou seja, visa ao fim e não à vontade. Supõe, assim, a atividade administrativa, a preexistência de uma regra jurídica que lhe reconhece finalidade própria.

É regra comezinha do Direito que ocorre desvio de poder ou de finalidade, e a consequente nulidade do ato, quando a atuação administrativa tomar rumo diverso da finalidade pública. É possível, entretanto, que o resultado não seja totalmente estranho ao interesse público, mas o desvio se revela, assim mesmo, porque o fim não é exatamente aquele assinalado pela lei para aquele ato.[56]

Com efeito, tomar uma lei como suporte para prática desconforme com sua finalidade não é aplicar a lei: é desvirtuá-la; é burlar a lei sob pretexto de cumpri-la. Desatender o fim legal é desatender a própria lei. O abuso do poder é uso do poder além dos limites. E um dos limites do poder é a finalidade para a qual deve ser utilizado[57].

---

(56) MELLO, Celso Antônio Bandeira de. Legalidade, motivo e motivação do ato administrativo. *Revista de Direito Público*, 2003, p. 52-53.
(57) Nesse mesmo sentido: MELLO, Celso Antônio Bandeira de. Legalidade, motivo e motivação do ato administrativo. *Revista de Direito Público*, 2003, p. 52-53.

O princípio da motivação é a justificativa expressa de que o agente administrativo, no exercício do *múnus* público, tem o dever de mencionar expressamente nas suas decisões os motivos, as razões que o conduziram à prática do ato, sob pena de nulidade (Lei n. 9.784/99, art. 2º; CF, art. 93, IX e X).

Por força do princípio da motivação, a autoridade administrativa deve apresentar as razões que a levaram a tomar uma decisão. A motivação é, assim, uma exigência do Estado de Direito, ao qual é inerente, entre outros direitos dos administrados, o direito a uma decisão fundada, motivada, com expressão dos motivos.

Sem a explicitação dos motivos, resta difícil sopesar ou aferir a correção daquilo que foi decidido, razão pela qual é essencial que se apontem os fatos, as inferências feitas e os fundamentos da decisão.

A falta de motivação no ato discricionário abre a possibilidade de ocorrência de desvio ou abuso de poder, dada a dificuldade ou mesmo a impossibilidade de efetivo controle judicial, pois, pela motivação, é possível aferir a verdadeira intenção do agente. A falta de uma motivação (ou, se se preferir, *contrario sensu*, a presença de uma motivação inconstitucional ou ilegal) torna o ato praticado inconstitucional, pois fere frontalmente o art. 37, *caput*, da Lei Fundamental.[58]

O próprio Estado de Direito, como já salientado, só é alcançável mediante a observância de uma motivação válida do ato ou procedimento administrativo. Nenhum ato ou procedimento administrativo, como é o caso do ato de despedida de sociedade de economia mista, pode deixar de conter a motivação que levou à sua prática, sob pena de nulidade, como será demonstrado mais à frente.

Após a promulgação da Carta Constitucional de 1988 do Brasil, o princípio da motivação dos atos administrativos está inserido no nosso regime político. É, assim, uma exigência do direito público e da legalidade

---

(58) A propósito da importância da motivação, Hely Lopes Meirelles leciona: "Motivo — O *motivo* ou *causa* é a situação de direito ou de fato que determina ou autoriza a realização do ato administrativo. O motivo, como elemento integrante da perfeição do ato administrativo, pode vir expresso em lei como ser deixado ao critério do administrador. No primeiro caso será um elemento vinculado; no segundo, discricionário, quanto à sua existência e valoração. Como visto no cap. II, item II, a Lei n. 9.784/99 alçou a *motivação* à categoria de *princípio*. Denomina-se *motivação* a exposição ou a indicação por escrito dos fatos e dos fundamentos jurídicos do ato (cf. art. 50, *caput*, da Lei n. 9.784/99). Assim, motivo e motivação expressam conteúdos jurídicos diferentes. Hoje, em face da ampliação do princípio do acesso ao Judiciário (CF, art. 5º, XXXV), conjugado com o da moralidade administrativa (CF, art. 37, *caput*), a motivação é, em regra, obrigatória. Só não o será quando a lei a dispensar ou se a natureza do ato for com ela incompatível. Portanto, na atuação vinculada ou na discricionária, o agente da Administração, ao praticar o ato, fica na obrigação de justificar a existência do motivo, sem o que o ato será inválido ou, pelo menos, invalidável, por ausência de motivação". MEIRELLES, Hely Lopes. *Direito administrativo brasileiro*. 23. ed. São Paulo: Malheiros, 1999. p. 149.

governamental. Do Estado absolutista, em que preponderava a vontade pessoal do monarca com força de lei — *quod principi placuit legis habet vigorem* —, evoluímos para o Estado de Direito, onde só impera a vontade das normas jurídicas. Nos Estados modernos, já não existe a autoridade pessoal do governante, senão a autoridade impessoal da lei. A igualdade de todos perante a lei e a submissão de todos somente à lei constituem os dois cânones fundamentais dos Estados de Direito. A Constituição Nacional consagrou tais princípios em termos inequívocos ao declarar que "todos são iguais perante a lei" (art. 5º, *caput*) e que "ninguém será obrigado a fazer ou deixar de fazer alguma coisa senão em virtude de lei" (art. 5º, II).[59]

Ora, se ninguém é obrigado a fazer ou deixar de fazer alguma coisa senão em virtude de lei, claro está que todo ato do Poder Público deve trazer consigo a demonstração de sua base legal e de seu motivo. Assim como todo cidadão, para ser acolhido na sociedade, há de provar sua identidade, o ato administrativo, para ser bem recebido pelos cidadãos, deve patentear sua legalidade, vale dizer, sua identidade com a lei. Desconhecida ou ignorada sua legitimidade, o ato da autoridade provocará sempre suspeitas e resistências, facilmente arredáveis pela motivação.

A motivação, portanto, deve apontar a causa e os elementos determinantes da prática do ato administrativo, bem como o dispositivo legal em que se funda. Esses motivos afetam de tal maneira a eficácia do ato que sobre eles se edificou a denominada *teoria dos motivos determinantes*.[60]

Em conclusão, com a Constituição de 1988 consagrando o princípio da moralidade e ampliando o acesso ao Judiciário, a regra geral é a obrigatoriedade da motivação, para que a atuação ética do administrador fique demonstrada pela exposição dos motivos do ato e para garantir o próprio acesso ao Judiciário.[61]

Entende-se que a motivação é, em regra, necessária, seja para os atos vinculados, seja para os discricionários, pois constitui garantia de legalidade, que tanto diz respeito ao interessado como à própria Administração Pública; a motivação é que permite a verificação, a qualquer momento, da legalidade do ato, até mesmo pelos demais poderes do Estado.[62]

---

(59) MEIRELLES, Hely Lopes. *Direito administrativo brasileiro*. 23. ed. São Paulo: Malheiros, 1999. p. 95.
(60) *Ibidem*, p. 95-98.
(61) *Idem*.
(62) Nesse sentido, DI PIETRO, Maria Sylvia Zanela. *Direito administrativo*. 16. ed. São Paulo: Atlas, 2003. p. 195.

Leis infraconstitucionais têm proclamado a necessária observância ao princípio da motivação.

Neste passo, o legislador editou a Lei Federal n. 9.784/99, cujo âmbito de incidência é aplicável a todos os que compõem a Administração Pública, aqui incluídas as sociedades de economia mista e empresas públicas (art. 1º), para observância obrigatória ao princípio da motivação (art. 2º, *caput*), havendo, no parágrafo único, inciso VII, do referido art. 2º, a exigência de "indicação dos pressupostos de fato e de direito que determinarem a decisão".

Mencionada Lei estabelece que, no processo e nos atos administrativos, a motivação é atendida com a "indicação dos pressupostos de fato e de direito" que determinarem a decisão ou o ato (parágrafo único do art. 1º e art. 50). A motivação "deve ser explícita, clara e congruente" (§ 1º do art. 50), sob pena de, não permitindo o seu devido entendimento, não atender aos seus fins, e, por via de consequência, acarretar a nulidade do ato. Reza, ainda, a mencionada lei que a motivação é obrigatória quando os atos "neguem, limitem ou afetem direitos e interesses; imponham ou agravem deveres, encargos ou sanções; decidam processos administrativos de concurso ou de seleção pública; dispensem ou declarem a inexigibilidade de processo licitatório; decidam recursos administrativos; decorram de reexame de ofício; deixem de aplicar jurisprudência firmada sobre a questão ou discrepem de pareceres, laudos, propostas e relatórios oficiais; importem anulação, revogação, suspensão ou convalidação de ato administrativo" (art. 50, I a VIII). Quando se tratar de "decisões de órgãos colegiados ou de decisões orais", a motivação "constará da respectiva ata ou de termo escrito" (§ 3º do art. 50). Na busca pela eficiência, a lei permite que, na "solução de vários assuntos da mesma natureza", seja utilizado meio mecânico que reproduza os fundamentos das decisões, desde que não prejudique direitos ou garantias dos interessados" (§ 2º do art. 50).

Como se observa, a motivação há de ser clara e explícita, além de que, nas hipóteses de atos que neguem, limitem ou afetem direitos ou interesses, imponham ou agravem deveres, encargos ou sanção, devem ser obrigatoriamente motivados.

O ato de despedida das empresas estatais deve ser motivado, por duas razões lógicas: uma, porque o mencionado ato se encontra entre as hipóteses que afetam direito ou interesse do empregado; em segundo lugar, porque, estando aquela sociedade jungida aos ditames da Lei n. 9.784/99, obrigatoriamente, está sujeita aos seus ditames, entre os quais o de motivar os seus atos.

José dos Santos Carvalho Filho[63] entende, a propósito do princípio da razoabilidade, que "é necessário examinar com precisão o sentido desse princípio, sob pena de se chegar a conclusões dissonantes dos postulados do direito".

A razoabilidade tem duas dimensões, a *racionalidade* (atenção às regras de lógica) e a razoabilidade em sentido estrito (o que é o consenso da sociedade sobre um determinado ponto, ou seja, o que é o bom senso da coletividade).

Razoabilidade é qualidade do que é *razoável*, ou seja, aquilo situado no âmbito dos limites aceitáveis, ainda que os juízos de valor que provocaram a conduta possam dispor-se de forma um pouco diversa. Ora, o que é totalmente razoável para uns, pode não ser para outros; mas, mesmo quando não o seja, é de se reconhecer que a valoração situou-se nos *standards* de aceitabilidade. Dentro desse quadro, não pode o juiz controlar a conduta do administrador sob a mera alegação de que não a entendeu *razoável*. Não lhe é lícito substituir o juízo de valor do administrador pelo seu, porque a isso se interpõe o óbice da separação de funções, que rege as atividades estatais. Poderá, isto sim, e até mesmo deverá controlar os aspectos relativos à legalidade da conduta, ou seja, verificar se estão presentes os requisitos que a lei exige para a validade dos atos administrativos. "A razoabilidade vai se atrelar à congruência lógica entre as situações postas e as decisões administrativas", gerando a falta da referida congruência a violação ao princípio da legalidade, "porque, no caso, ou há vício nas razões impulsionadoras da vontade, ou o vício estará no objeto desta. A falta de razoabilidade, na hipótese, é puro reflexo da inobservância de requisitos exigidos para a validade da conduta".[64]

Assim, quando a falta de razoabilidade se calca em situação na qual o administrador tenha em mira algum interesse particular, violado estará sendo o princípio da moralidade ou da impessoalidade. Significa dizer, por fim, que não pode existir violação ao referido princípio quando a conduta administrativa é inteiramente revestida de licitude.

O princípio da proporcionalidade enuncia a ideia de que as competências administrativas só podem ser validamente exercidas na extensão e intensidade proporcionais ao que seja realmente demandado para o cumprimento da finalidade do interesse público a que estão atreladas. Nenhum gravame imposto

---

(63) CARVALHO FILHO, José dos Santos. *Manual de direito administrativo*. Rio de Janeiro: Freitas Bastos, 1997. p. 16-17.
(64) *Idem*.

ao indivíduo deve ter dimensão maior do que a exigida pelo interesse público. Nas palavras de *Jellinek*, "não se abatem pardais com canhões".[65]

A medida tomada pelo administrador em nome desse princípio deve obedecer ao tripé adequação, necessidade ou exigibilidade e proporcionalidade em sentido estrito. *Adequada* — diz-se quando a medida é de natureza a realizar um direito fundamental. *Exigível* — apenas aquele meio é necessário para evitar o mal (aquele meio é necessário para atingir os direitos fundamentais). *Proporcional em sentido estrito* — proibição de excessos; a medida deve causar o menor mal possível.

Como se vê, a Lei n. 9.784/99 (LGPA) consagra tal princípio explicitamente, determinando, no processo, como de resto em toda a atividade administrativa, uma "adequação entre meios e fins, vedada à imposição de obrigações, restrições e sanções em medida superior àquelas estritamente necessárias ao atendimento do interesse público" (art. 2º, VI).

O *princípio da ampla defesa* decorre do *due process of law* (devido processo legal) e foi agregado à Constituição Federal de 1988, no seu art. 5º, inciso LV.[66] Reza a Carta Constitucional que ninguém será privado da liberdade ou de seus bens sem o devido processo legal (CF, art. 5º, LIV).

O devido processo legal, vinculador de todo procedimento administrativo, compreende um conjunto de elementos jurídicos garantidores de direitos fundamentais quando ameaçados, lesados ou simplesmente questionados, tais como o direito à ampla defesa, ao contraditório, ao juízo objetivo e devidamente motivado, atuando como instrumento legitimador da ação administrativa. O direito constitucional ao devido processo legal na via administrativa inclui pelo menos as seguintes garantias básicas por parte do administrado: *a) direito de ser ouvido; b) direito ao oferecimento e produção de provas; c) direito a uma decisão fundamentada*[67].

Pode-se entender a *garantia à ampla defesa* como a oportunidade de contestar-se, produzir provas de seu direito, acompanhar os atos de instrução

---

(65) BONAVIDES, Paulo. *Ciência política*. São Paulo: Forense, 1983. p. 108.
(66) A Constituição Federal, no seu art. 5º, LV, reza que "aos litigantes, em processo judicial ou administrativo, e aos acusados em geral são assegurados o contraditório e ampla defesa, com os meios e recursos a ela inerentes". Esse postulado tem respaldo na Declaração Universal dos Direitos do Homem, de 1948, art. XI, n. 1, que diz que: "Todo homem acusado de um ato delituoso tem o direito de ser presumido inocente até que a sua culpabilidade tenha sido provada de acordo com a lei, em julgamento público no qual lhe tenham sido asseguradas todas as garantias necessárias à sua defesa".
(67) Cf. ROCHA, Carmem Lúcia Antunes. Devido processo legal. *Revista de Informação Legislativa*, ano 34, n. 136, p. 15, 1997.

e utilizar os recursos cabíveis, ou seja, devem ser asseguradas as condições para que a defesa possa ser ampla e justa.

Sob essa óptica, a Lei n. 9.784/99 (LGPA) consagra como direito básico do administrado no processo administrativo "formular alegações e apresentar documentos antes da decisão, os quais serão objeto de consideração pelo órgão competente (art. 3º, III)". Por outro lado, a ampla defesa também implica o direito de impugnar a decisão pronunciada, ainda na via recursal administrativa, sem que óbices pecuniários (cauções, depósitos) sejam impostos, dificultando e, em alguns casos, inviabilizando o preceito constitucional da ampla defesa.

É importante frisar a ideia de que, com fundamento no princípio da ampla defesa, o administrado ou servidor público goza do direito de não se incriminar.

Há de observar-se que a Constituição não mais limita o contraditório e ampla defesa aos processos administrativos punitivos em que haja acusados, mas estende tais garantias a todos os procedimentos administrativos punitivos (externos e disciplinares) ou não punitivos, ainda que neles não haja acusados, mas simplesmente litigantes (CF, art. 5º, LV), ou seja, sempre que haja conflito de interesses, hão de ser observados ambos os princípios.

O princípio da ampla defesa é aplicável em qualquer tipo de processo que envolva situações de litígio ou poder sancionário do Estado sobre pessoas físicas e jurídicas. É o que decorre do art. 5º, LV, da Constituição e está também expresso no art. 2º, parágrafo único, da Lei n. 9.784, que impõe, nos processos administrativos, que sejam assegurados os direitos à comunicação, à apresentação de alegações finais, à produção de provas e à interposição de recursos, nos processos de que possam resultar sanções e nas situações de litígio.[68]

Em sintonia com o princípio do contraditório e da ampla defesa, a Lei n. 9.784/99 assegura ao administrado os direitos de ter ciência da tramitação dos processos administrativos em que tenha a condição de interessado, de ter vista dos autos, de obter cópias de documentos neles contidos e conhecer as decisões proferidas; formular alegações e apresentar documentos antes da decisão, os quais serão objeto de consideração pelo órgão competente; fazer-se assistir, facultativamente, por advogado, salvo quando obrigatória a representação, por força de lei (art. 3º, incisos II, III e IV).

---

(68) Nesse sentido, DI PIETRO, Maria Sylvia Zanela. *Direito administrativo*. 16. ed. São Paulo: Atlas, 2003. p. 491.

O art. 46 da lei concede o direito à vista do processo e a obter certidões ou cópias reprográficas dos dados e documentos que o integram, ressalvando, porém, os dados e documentos de terceiros protegidos por sigilo ou pelo direito à privacidade, à honra e à imagem.

A Lei n. 9.784/99 impõe, ainda, como decorrência do princípio do contraditório, a intimação do interessado nos seguintes casos: para ciência de decisão ou efetivação de diligências (art. 26); para conhecimento de atos do processo que resultem em imposição de deveres, ônus, sanções ou restrição ao exercício de direitos e atividades e para os atos de outra natureza, de seu interesse (art. 28); para a prestação de informações ou a apresentação de provas (art. 39); para apresentar alegações, em caso de interposição de recurso (art. 62). A intimação deve ser feita com antecedência mínima de três dias úteis quanto à data de comparecimento (§ 2º do art. 26) ou para apresentação de prova ou realização de diligência (art. 41), podendo ser efetuada por ciência no processo, por via postal com aviso de recebimento, por telegrama ou meio outro que assegure a certeza da ciência do interessado (§ 3º do art. 26); no caso de interessados indeterminados, desconhecidos ou com domicílio indefinido, a intimação deve ser efetuada por meio de publicação oficial (§ 4º do art. 26).

A não observância da lei no que diz respeito à intimação é causa de nulidade, porém o comparecimento do administrado supre sua falta ou irregularidade (§ 5º do art. 26). Além disso, o desatendimento da intimação não importa o reconhecimento da verdade dos fatos, nem a renúncia a direito pelo administrado (art. 27).

Na fase de instrução, o interessado pode juntar documentos e pareceres, requerer diligências e perícias, bem como aduzir alegações referentes à matéria objeto do processo (art. 38); terminada a instrução, ele tem o direito de manifestar-se no prazo máximo de dez dias, salvo se outro prazo for legalmente fixado (art. 44).

Vê-se, por conseguinte, que o escopo maior do contraditório é a possibilidade de manifestação de uma garantia maior, ou seja, sua ampla defesa, daí por que se afirma que o contraditório está inserido na própria ampla defesa.

Maria Sylvia Zanella Di Pietro[69] ressalta, em sua obra já aqui referida, que, apesar do Princípio da Segurança Jurídica não estar incluído entre os princípios da Administração Pública nos livros de Direito Administrativo, a Lei n. 9.784/99 passou a incluí-lo no processo administrativo. Afirma que a inclusão de tal princípio sucedeu com o objetivo de "vedar a aplicação

---

(69) DI PIETRO, Maria Sylvia Zanella. *Direito administrativo...*, p. 84.

retroativa de nova interpretação de lei no âmbito da Administração Pública" (art. 2º, parágrafo único).

O princípio citado tem de ser aplicado com parcimônia, para não levar ao despautério de impedir a Administração de anular atos praticados com inobservância da lei. Ensina a autora que "nesses casos não se trata de mudança de interpretação, mas de ilegalidade, esta sim a ser declarada retroativamente, já que atos ilegais não geram direitos".[70]

Vale lembrar que as atividades administrativas são desenvolvidas pelo Estado para benefício da coletividade. Não é o indivíduo sozinho destinatário de tal atividade, mas o grupo social como um todo. Logo, num conflito entre o interesse público e privado, há de prevalecer o interesse público, da coletividade. O Estado, nesse sentido, confunde-se com o próprio bem-estar da comunidade geral.

A aplicação do princípio da supremacia do interesse público, todavia, não significa violação ao interesse privado; a aplicabilidade desse princípio, por certo, não significa o total desrespeito ao interesse privado, já que a Administração deve obediência ao direito adquirido, à coisa julgada e ao ato jurídico perfeito, consoante prescreve a Lei Maior (art. 5º, XXXVI). De sorte que os interesses patrimoniais afetados pela prevalência do interesse público devem ser indenizados cabalmente.[71]

De fato, diante do atrito entre o interesse público e o interesse particular, prevalece aquele amparado pela Administração Pública. Esse preceito comporta exceções, porém, podendo, eventualmente, ocasionar uma colisão de princípios. A bem da verdade, a aplicação de um princípio na área de atuação de outro, em determinada situação concreta, não provoca a destruição de qualquer deles, mas apenas breve diminuição em sua eficácia, reclamando como solução uma harmonização por meio de operações de concordância.

Não se deve confundir interesse do Estado com pessoa jurídica de direito público, como se houvesse completa semelhança entre os interesses deste e os denominados interesses públicos. Com efeito, em determinadas situações, o Estado age em interesse próprio, sem qualquer vínculo com os interesses da coletividade. Nessa hipótese, deve prevalecer o interesse do particular.

A propósito do conceito de interesse público, o Estado não possui "interesses" qualitativamente similares aos "interesses" dos particulares, pois

---

(70) DI PIETRO, Maria Sylvia Zanella. *Direito administrativo...*, 2003. p. 85.
(71) GASPARINI, Diógenes. *Direito administrativo*. 9. ed. São Paulo: Saraiva, 2004. p. 19.

não existe para buscar satisfações similares às que norteiam a vida dos particulares. A tentativa de obter a maior vantagem possível é válida e lícita, observados os limites do Direito, apenas para os sujeitos privados. Não é admissível para o Estado, que somente está legitimado a atuar para realizar o bem comum e a satisfação geral. O Estado não pode ludibriar, espoliar ou prevalecer-se da fraqueza ou da ignorância alheia. Não se admite que tal ocorra nem mesmo dentro dos limites do que seria lícito ao particular atuar. [72]

O objetivo do princípio do interesse público é preservar o interesse geral, pois é para isso que existe o complexo normativo que constitui o regime jurídico administrativo, e não para oferecer instrumentos para que o Estado possa sufocar o cidadão, destituindo-o de direitos fundamentais constantes da ordem constitucional.

Assim, se a Lei n. 9.784/99 veio para regulamentar os processos administrativos no âmbito da Administração Pública, não se pode imaginar que os atos de despedida das empresas estatais não estariam sujeitos à motivação, ainda que nessa asserção fosse pensado que o interesse público haveria de prevalecer. No caso em estudo, há de prevalecer o interesse do particular — motivação do ato de despedida — em contrapartida ao interesse do Estado de despedir sem motivação, com violação expressa aos direitos e garantias individuais e ao Estado Democrático de Direito.

A despeito de ter sido proferido com décadas de atraso em relação a outros ordenamentos jurídicos, pode-se afirmar que tal diploma legislativo supre a lacuna. Nele encontram-se normas que impõem a observância das garantias processuais decorrentes do princípio do devido processo legal. Destaque-se, como exemplo, a determinação contida no *caput* do seu art. 2º, de acordo com o qual a Administração Pública obedecerá aos princípios da ampla defesa, contraditório e segurança jurídica, além da garantia do direito à comunicação, à apresentação de alegações finais, à produção de provas e à interposição de recursos nos processos que resultarem sanções e nas situações de litígio (art. 2º, parágrafo único, X).

Passa-se, agora, ao exame do âmbito de incidência, ou seja, qual o quadro normativo que deve, primordialmente, incidir sobre os processos administrativos federais.

---

(72) JUSTEN FILHO, Marçal. *Concessões de serviços públicos*. São Paulo: Dialética, 1997. p. 64-65.

3.3 Âmbito de incidência da Lei n. 9.784/99

Importa, para o fim de definir a aplicação das regras estabelecidas na Lei n. 9.784/99 na rescisão de empregados públicos das empresas estatais, delimitar o seu âmbito de incidência. Explicite-se, por oportuno, a determinação de seu art. 1º, *in verbis*:

> Art. 1º Esta Lei estabelece normas básicas sobre o processo administrativo no **âmbito da Administração Federal** direta e **indireta**, visando, em especial, à proteção dos direitos dos administrados e ao melhor **cumprimento dos fins da Administração**. (grifo nosso)
>
> § 1º Os preceitos desta Lei também se aplicam aos órgãos dos Poderes Legislativo e Judiciário da União, quando no desempenho de função administrativa.
>
> § 2º Para os fins desta Lei, consideram-se:
>
> I — órgão — a unidade de atuação integrante da estrutura da Administração direta e da estrutura da Administração indireta;
>
> II — entidade — a unidade de atuação dotada de personalidade jurídica;
>
> III — autoridade — o servidor ou agente público dotado de poder de decisão.

A Administração Indireta é composta pelas autarquias, fundações públicas, empresas públicas e sociedades de economia mista vinculadas aos diversos ministérios integrantes da União (art. 4º do Decreto-Lei n. 200/69). Cada Ministério exerce supervisão e controle sobre as entidades que tenham área de competência conexa. Assim, as instituições financeiras, criadas sob a forma de sociedade de economia mista estão vinculadas ao Ministério da Fazenda (Decreto-Lei n. 200, de 25.02.1967, arts. 4º e 19). O que de fato existe e é preciso ser lembrado é que existe o controle da Administração Indireta pela Administração Direta.

Importa sublinhar que a lei se referiu expressamente à Administração Indireta, que pode ser desempenhada por entidades dotadas de personalidade jurídica de direito privado, como é o caso das estatais. O fato de serem pessoas jurídicas de direito privado por determinação legal não impede que integrem a Administração Pública federal, de forma que "elas deverão observar o procedimento estatuído na lei, sobretudo, quando houver interesse de terceiros, administrados, que devem ser preservados como deseja o diploma regulador".[73]

---

(73) CARVALHO FILHO, José dos Santos. *Processo administrativo federal*. 2. ed. Rio de Janeiro: Lumen Juris, 2005. p. 41.

Cabe, inicialmente, estudar-se o significado do termo "administrados", constante da Lei n. 9.784/99 (art. 1º), uma vez que pode ficar alguma dúvida quanto à abrangência dessa Lei. Para afastar eventual incerteza, deve ser observada a lição de *Maria Helena Diniz,* In: *Dicionário Jurídico,* Vol. 1, 1998, p. 111:

> a) administrado é qualquer pessoa enquanto sujeito de relação jurídico-administrativa; b) administrado é o funcionário público quando participante da relação jurídico-administrativa, subordinando-se ao Estado enquanto Administração Pública.

Assim, a expressão "administrados", usada na Lei n. 9.784/99, não se refere apenas a terceiros em face da Administração Pública, mas também aos agentes públicos (gênero, do que são espécies os empregados públicos), entendidos estes, conforme ensinado por *Celso Antônio Bandeira de Mello,* In: *Curso de Direito Administrativo Brasileiro.* 15. ed. São Paulo: Malheiros, 2003. p. 226-227, no seguinte sentido:

> (...) é a mais ampla que se pode conceber para designar genérica e indistintamente os sujeitos que servem ao Poder Público como instrumentos expressivos de sua vontade ou ação, ainda quando o façam apenas ocasional ou episodicamente. Quem quer que desempenhe funções estatais, enquanto as exercita, é um agente público. Por isto, a noção abarca (...) os servidores das autarquias, das fundações governamentais, *das empresas públicas e sociedades de economia mista nas distintas órbitas de governo* (...). (grifo nosso)

Portanto, ela abrange, por exemplo, os empregados públicos (celetistas) das empresas públicas ou das sociedades de economia mista federais (Administração Indireta) e os servidores públicos (estatutários) dos órgãos federais da Administração Direta.

Tem-se também a definição extraída do art. 327 do Código Penal, que remete ao que genericamente se chama de "agente público": todo aquele que presta qualquer tipo de serviço ao Estado (funções públicas, em sentido amplo). Todos os agentes incluídos nessa definição ampla são passíveis de cometer crimes associados ao exercício da função pública e sujeitam-se à responsabilização penal[74].

Embora não seja uma lei de índole penal, vale acrescentar que o polo passivo a que se aplica a Lei de Improbidade (Lei n. 8.429, de 02.06.92) é

---

(74) Redação do art. 327 do Código Penal Brasileiro: "Art. 327 — Considera-se funcionário público, para os efeitos penais, quem, embora transitoriamente ou sem remuneração, exerce cargo, emprego ou função pública."

ainda um pouco mais abrangente do que o do art. 327 do CP, estendendo o conceito de agente público[75].

A abrangência da acepção "agente público", doutrinada pelo jurista *Celso Antônio Bandeira de Mello* e seguida pelas leis acima, é chancelada pelo STF[76].

Na esteira do que se expõe, verifica-se que os institutos jurídicos contidos na Lei n. 9.784/99, como o direito à ampla defesa, visam a proteger o direito dos administrados, podendo ser entendidos estes como empregados das estatais. Claramente, nota-se que a conclusão a que ora se chega é logicamente muito mais consentânea com o conteúdo da lei sobredita.

Sobreleva ressaltar que a Lei n. 9.784/99 não incide sobre os processos específicos, consoante dispõe o seu art. 69. Na definição de *José dos Santos Carvalho Filho* (2005, p. 41), processos específicos são aqueles que têm procedimento previsto em leis especiais próprias e que, por isso mesmo, devem ser adotados, como procedimentos básicos, *verbi gratia*, os processos disciplinares previstos na Lei n. 8.112/90 (Estatuto dos Servidores Públicos Federais) e o processo administrativo fiscal, regulado pelo Decreto n. 70.235/72).

Pode-se afirmar que a Lei n. 9.784/99, consequentemente, se destina aos processos genéricos, ou seja, àqueles destituídos de procedimento previsto em lei, contudo, necessários ao exercício da função administrativa[77].

---

(75) Redação do art.1º da Lei n. 8.429/93: "Art. 1º — *Os atos de improbidade praticados por qualquer agente público, servidor ou não, contra a administração direta, indireta ou fundacional* de qualquer dos Poderes da União, dos Estados, do Distrito Federal, dos Municípios, de Território, de empresa incorporada ao patrimônio público ou de entidade para cuja criação ou custeio o erário haja concorrido ou concorra com mais de cinquenta por cento do patrimônio ou da receita anual, serão punidos na forma desta lei.
Parágrafo único. Estão também sujeitos às penalidades desta lei os atos de improbidade praticados contra o patrimônio de entidade que receba subvenção, benefício ou incentivo, fiscal ou creditício, de órgão público bem como daquelas para cuja criação ou custeio o *erário haja concorrido ou concorra com menos de cinquenta por cento do patrimônio ou da receita anual, limitando-se, nestes casos, a sanção patrimonial à repercussão do ilícito sobre a contribuição dos cofres públicos.*
Art. 2º — Reputa-se agente público, para os efeitos desta lei, todo aquele que exerce, ainda que transitoriamente ou sem remuneração, por eleição, nomeação, designação, contratação ou qualquer outra forma de investidura ou vínculo, mandato, cargo, emprego ou função nas entidades mencionadas no artigo anterior." (grifo nosso)
(76) "COPEL — SOCIEDADE DE ECONOMIA MISTA — DISPENSA DE SEUS EMPREGADOS CONDICIONADA À NECESSÁRIA MOTIVAÇÃO — A dispensa de servidor público admitido por concurso público, ainda que regido pela CLT, deve, necessariamente, ser motivada (princípio da legalidade — art. 37, II, da CF), sob pena de invalidade. Do contrário, seria o mesmo que admitir a possibilidade de o administrador admitir num dia e dispensar no outro, fraudando, assim, a ordem de classificação dos candidatos" (STF-MS, 21485-DF, Relator Ministro Néri da Silveira). Inteligência da Súmula n. 03 do TRT da 9ª Região (IUJ julgado em 16.04.01).
(77) Lucia Valle Figueiredo ensina que a "função administrativa consiste no dever de o Estado, ou de quem aja em seu nome, dar cumprimento fiel, no caso concreto, aos comandos normativos, de maneira geral ou individual, para a realização dos fins públicos, sob regime prevalecente de direito público, por meio de atos e

Não há, entretanto, exclusão de incidência quanto aos processos específicos, pois a estes a Lei n. 9.784/99 pode ser aplicada de forma subsidiária, em nome do princípio da subsidiariedade.

A interpretação literal do art. 1º da Lei n. 9.784/99 dissipa qualquer indagação acerca da abrangência da norma aos entes componentes da Administração Indireta, no entanto, é sabido que uma análise meramente gramatical não atende ao real objetivo da atividade hermenêutica. O exercício interpretativo deve buscar incessantemente maior alcance do sentido e significado da norma, atendendo melhor a esses fins a interpretação lógico-sistemática.

Daí por que não se deve fazer a leitura do § 2º do art. 1º de forma literal, pois o legislador, ao referir-se à autoridade como "servidor ou agente público dotado de poder de decisão", usa o vocábulo para indicar o sujeito da vontade, ou seja, o agente público, tanto para dar o sentido de poder administrativo. Em outras palavras, significa a competência dotada de determinadas prerrogativas especiais de direito público, atribuída a certos agentes do Estado.

Essa possibilidade alternativa dada pelo legislador referente a servidor ou agente público é uma atecnia. A bem da verdade, a ideia de agente público tem maior abrangência, indicando categoria-gênero dentro da qual estão os servidores públicos. Os agentes são o gênero do qual a espécie são os servidores[78].

O âmbito de aplicação do dispositivo transcrito, portanto, não deve ser reduzido à perspectiva do sujeito que pratica o ato, conforme denota a interpretação literal. Em consonância com a finalidade prevista na própria norma — melhor cumprimento dos fins da Administração —, o critério de incidência a ser adotado deve ser o material, que exsurge em razão do exercício da função administrativa.

Havendo função administrativa, inegavelmente, ocorrerá a incidência de normas do regime jurídico administrativo, onde quer que se manifeste,

---

comportamentos controláveis internamente, bem como externamente pelo Legislativo (com o auxílio dos Tribunais de Contas), atos, estes, revisíveis pelo Judiciário". FIGUEIREDO, Lúcia Valle. *Curso de direito administrativo.* 2. ed. São Paulo: Malheiros, 1998. p. 24.
(78) Segundo José dos Santos Carvalho Filho, na obra **Processo Administrativo Federal.** 2. ed. Rio de Janeiro: Lumen Juris, 2005. p. 48: "melhor seria o emprego de isolado da expressão 'agente público'", e para tanto justifica: "No caso em pauta, melhor seria o simples emprego de **agentes públicos**, e isso pela circunstância de que a lei não disciplina apenas a ação dos **servidores públicos em sentido estrito**, que são aqueles que integram a estrutura das pessoas federativas, das autarquias e das fundações governamentais de direito público (espécie de autarquias). Como a **lei incide também sobre as pessoas administrativas privadas**, seus agentes dotados do poder decisório não são qualificados como servidores públicos, mas sim como empregados regidos pela Consolidação das Leis do Trabalho".

pouco importando se há pessoa privada envolvida. Uma das normas de observação obrigatória, por expressa previsão legal, seria a sujeição a um processo administrativo na elaboração de seus atos.

A figura do processo administrativo é instrumento de concretização da opção constitucional por um Estado Democrático de Direito, exigindo maior controle sobre o exercício da função administrativa[79].

Portanto, afirma-se que a incidência da Lei n. 9.784/99 está jungida ao exercício da função administrativa. Existe função quando alguém está investido no *dever* de satisfazer dadas finalidades em prol do *interesse de outrem*[80].

Faz-se necessário, nesse momento, proceder a breve síntese de algumas das conclusões já afirmadas neste ensaio. O administrador das empresas estatais gere coisa alheia, não possuindo a autonomia da vontade inerente aos detentores dos meios de produção. Ocorre, portanto, o desempenho de função, a qual, entretanto, se encontra adstrita aos ditames exigidos pelo interesse público em razão da atividade exercida. Os seus atos, excetuadas hipóteses de atos de mera gestão, estão dotados de prerrogativas e sujeições inerentes ao regime jurídico de Direito Administrativo.

Configura-se o exercício de função administrativa por tais empresas em face da atividade pública que se desenvolve. O ato que dispensa seus empregados, por estar jungido às normas de direito público, inclui-se entre as manifestações inerentes à função administrativa, devendo, por conseguinte, expor as razões determinantes de sua expedição. A explicitação que se exige se relaciona ao interesse da Administração na dispensa, não podendo haver interferência de vontade do administrador em sua elaboração.

Repita-se: a incidência inafastável do princípio da motivação corresponde à concretização do controle da finalidade e transparência dos atos administrativos, porém, a exigência do devido processo legal não se esgota nessa mera exposição das razões, pois, consoante afirmado há pouco, deve-se conjugar o processo administrativo com o princípio da motivação, uma vez que os dois se revelam como garantias de efetivação do próprio Estado Democrático de Direito.

---

(79) Corroborando esse entendimento, DI PIETRO, Maria Sylvia Zanella. *Direito administrativo*. 16. ed. São Paulo: Atlas, 2003. p. 530, de forma categórica assinala: "o processo existe sempre como instrumento indispensável para o exercício da função administrativa; tudo que a Administração Pública faz, operações materiais ou atos jurídicos, fica documentado em um processo; cada vez que ela for tomar uma decisão, executar uma obra, celebrar um contrato, editar um regulamento, o ato final é sempre precedido de uma série de atos materiais e jurídicos, consistente em estudos, pareceres, informações, laudos, audiências, enfim tudo o que for necessário para instruir, preparar e fundamentar o ato final objetivado pela Administração".
(80) Comunga desse entendimento MELLO, Celso Antônio Bandeira de. *Curso de direito administrativo*. São Paulo: Malheiros, 2002. p. 43.

Urge ser possibilitado ao empregado impugnar as razões apresentadas no âmbito da Administração, mediante processo administrativo no qual se assegurariam a ampla defesa e o contraditório.

A submissão ao processo administrativo encontra-se instalada na própria Constituição Federal (art. 5º, LV), o que não autoriza interpretação restritiva, por se tratar de direito fundamental. Deve ser compreendida com a maior extensão e razoabilidade possível, em prol de um exercício legítimo do poder estatal. Olvidar tal processo eivaria o ato de dispensa de nulidade insanável, ensejando a reintegração do empregado alijado de seus direitos[81].

O processo formalizado visa a proteger a função administrativa da ameaça de desmandos e arbítrios do administrador, resguardando situações jurídicas constituídas em consonância com o interesse público, uma vez que, no ingresso do empregado, devem ser observadas as finalidades da Administração, mediante regular concurso público. Admitir a livre dispensa significaria, como já se expressou páginas atrás, legitimar o desvio de finalidade, assegurado pela comparação reducionista das empresas estatais ao regime jurídico aplicável às demais empresas privadas.

É insuficiente para a transparência e lisura da atividade administrativa a mera motivação dos atos, aliada à faculdade de o empregado se insurgir contra estes no âmbito do Judiciário. Deve ser possibilitado ao empregado público defender-se das razões apresentadas no âmbito da Administração, comprovando, por exemplo, não haver necessidade de redução de pessoal, ou que a função exercida é imprescindível para a consecução da atividade da empresa.

Sublinhe-se o fato de que, para os fins da lei geral do processo administrativo (Lei n. 9.784/99), aqueles que figurem como acusados em feitos disciplinares são considerados administrados (art. 3º, *caput,* da Lei n. 9.784/99), por estarem

---

(81) Comunga desse entendimento MELLO, Celso Antônio Bandeira de. *Curso de direito administrativo.* São Paulo: Malheiros, 2002. p. 198, ao afirmar: "Assim como não é livre a admissão de pessoal, também não se pode admitir que os dirigentes da pessoa tenham o poder de desligar seus empregados com a mesma liberdade com que o faria o dirigente de uma empresa particular. É preciso que haja uma razão prestante para fazê-lo, não se admitindo caprichos pessoais, vinganças ou quaisquer decisões movidas por mero subjetivismo e, muito menos, pelo sectarismo político ou partidário. Com efeito, a empresa estatal é entidade preposta a objetivos do interesse de toda a coletividade. Quem tenha a responsabilidade de geri-la exerce função, isto é, poder teleologicamente orientado para o cumprimento de fins que são impositivos para quem o detém. Em rigor, o que dispõe é de um dever-poder. O dever de bem curar um interesse que não é próprio, mas da coletividade, e em nome do qual lhe foi atribuído o poder, meramente instrumental, de bem servi-la. Logo, para despedir um empregado é preciso que tenha havido um processo regular, com direito à defesa, para apuração da falta cometida ou de sua inadequação às atividades que lhe concernem. *Desligamento efetuado fora das condições indicadas é nulo.* O empregado, se necessário, recorrerá às vias judiciais trabalhistas, *devendo-lhe ser reconhecido o direito à reintegração,* e não meramente à compensação indenizatória por despedida injusta".

sujeitos ao poder de império e poder disciplinar da Administração Pública a que se vinculam, e também interessados, porque se amoldam à figura legal daqueles que têm direitos ou interesses que podem ser afetados pela decisão a ser adotada no processo (art. 9º, II, da Lei n. 9.784/99), de sorte que os "processados" gozam da proteção legal da norma genérica em apreço, sem embargo das garantias asseguradas por norma específica.

A Lei n. 9.784/99, conquanto de forma não conclusiva e em *numerus apertus,* indicou os reflexos de certos princípios sobre o processo administrativo, intitulando-os de critérios de atuação vinculantes da atividade da Administração (art. 2º, parágrafo único, I a XIII).

Assim, o princípio do devido processo legal vem expresso como critério de atuação conforme a Lei e o Direito (art. 2º, parágrafo único, I); os da finalidade e do interesse público como o atendimento a fins de interesse geral (art. 2º, parágrafo único, II); os da proporcionalidade e da razoabilidade como a adequação entre meios e fins, vedada a imposição de obrigações, restrições e sanções em medida superior àquelas estritamente necessárias (art. 2º, parágrafo único, VI); e, por último, o da moralidade e da motivação, com a atuação segundo padrões éticos de probidade, decoro e boa-fé (art. 2º, parágrafo único, IV) e a indicação dos pressupostos de fato e de direito que determinarem a decisão (art. 2º, parágrafo único, VII), dentre outros critérios indicados.

A dispensa, sem justa causa, de empregados públicos, configurando restrição a direitos, exige o respeito a todos esses critérios de atuação vinculante, sob o auspício do devido processo legal.

A tese ora esposada, entretanto, não é bem aceita em algumas turmas do Tribunal Superior do Trabalho, tendo aquela Corte defendido a desnecessidade de motivação do ato de dispensa sem justa causa, não admitindo, logicamente, questionar direito a processo administrativo. Mesmo em casos da dispensa por justa causa, não seria necessário assegurar o processo administrativo com ampla defesa e contraditório, bastaria apenas um "procedimento investigatório interno"[82].

---

(82) Nesse sentido, transcrevem-se os seguintes julgados: TRIBUNAL: TST DECISÃO: 04 09 2002 PROC: RR NUM: 588607 ANO: 1999 REGIÃO: 22 RECURSO DE REVISTA TURMA: 02 ÓRGÃO JULGADOR — SEGUNDA TURMA. EMPRESA PÚBLICA. DESPEDIDA POR JUSTA CAUSA. DESNECESSIDADE DE PROCESSO ADMINISTRATIVO COM AMPLA DEFESA.
A iterativa, notória e atual jurisprudência deste Tribunal firmou o entendimento de que as empresas públicas e as sociedades de economia mista estão submetidas ao regime próprio das empresas privadas, no que respeita às obrigações trabalhistas, a teor do que dispõe o artigo 173, parágrafo 1º, da CF/1988 (atualmente inciso II do parágrafo 1º, por força da Emenda Constitucional 19/1998). Em decorrência, tratando-se de empresa pública, é lícita a apuração da falta cometida pelo empregado (para efeito de despedida por justa causa) por meio de procedimento interno investigatório, não sendo necessário o processo administrativo disciplinar, com ampla defesa, assegurado aos funcionários públicos.

Por outro lado, julgados que analisam o tema sob a óptica administrativista revelam a impossibilidade de olvidar a determinação constitucional que impõe aos litigantes (ou seja, em havendo conflito de interesses) a observância de processo administrativo em que sejam assegurados a ampla defesa e o contraditório. Também não afastam a aplicação da Lei n. 9.784/99, que impõe regras explícitas à Administração Indireta[83].

A despeito da possibilidade de reintegração, não se está defendendo uma nova forma de estabilidade no emprego. Vislumbra-se, sim, a existência de garantia de emprego, institutos que se diferenciam.

O exercício do direito potestativo do empregador quanto à rescisão contratual não pode ocorrer na estabilidade, ainda que por motivos técnicos ou econômico-financeiros. Ao contrário, quando se fala em garantia de emprego, a dispensa pode ser feita, salvo a arbitrária, ou seja, aquela que não se fundar em motivos disciplinares, técnicos, econômicos e financeiros. Na estabilidade, o empregador somente poderá dispensar o empregado havendo justa causa ou encerramento das atividades.

Recurso conhecido, por violação do artigo 173, parágrafo 1º, da CF/1988, e provido. (grifo nosso)
TRIBUNAL: TST DECISÃO: 25 06 2002 PROC: RR NUM: 619743 ANO: 2000 REGIÃO: 01 RECURSO DE REVISTA TURMA: 05 ÓRGÃO JULGADOR — QUINTA TURMA.
SOCIEDADE DE ECONOMIA MISTA. EMPREGADO CELETISTA. DISPENSA. DESNECESSIDADE DE INQUÉRITO OU PROCEDIMENTO ADMINISTRATIVO.
O art. 41 da Constituição Federal somente exige processo administrativo no caso de dispensa de servidor público estável e que esteja investido em cargo público.
A sociedade de economia mista, ainda que da Administração Pública Indireta, quando contrata seus empregados sob a égide da CLT, equipara-se inteiramente ao empregador comum trabalhista (art. 173, § 1º, II, CF/88), de modo que no ato de dispensa de seus empregados, a Administração Pública está adstrita ao disposto no estatuto consolidado. Assim sendo, o Banco detém o direito potestativo de rescindir o contrato de trabalho imotivadamente ou sem justa causa, como o empregador comum, pagando as verbas indenizatórias que o ordenamento legal aplicável contempla na hipótese. Recurso de Revista conhecido e provido. (grifo nosso).
(83) No sentido **defendido na presente obra, trazem-se** os seguintes julgados: TRIBUNAL: 2ª Região. ACÓRDÃO NUM: 20020032670 DECISÃO: 28 01 2002 TIPO: RO01 ANO: 2000 NÚMERO ÚNICO PROC: RO01 — RECURSO ORDINÁRIO TURMA: 08 ÓRGÃO JULGADOR — OITAVA TURMA.
SERVIDOR PÚBLICO. DEMISSÃO. PROCESSO ADMINISTRATIVO. NECESSIDADE. Tanto a Constituição Federal como a Lei n. 9.784/99, que dispõe sobre o processo administrativo no âmbito da administração pública, não impõem ressalva a respeito da desnecessidade de procedimento específico para a demissão do empregado público, que é espécie de servidor público. Pelo princípio da igualdade, se para ambos é exigido concurso para ingresso na administração pública, muito mais por ocasião de demissão, que tem caráter sancionatório. A Constituição Federal garante estabilidade do servidor público, quer seja ele estatutário ou celetista, e não estabelece distinção em seu art. 41, hipótese em que não cabe ao intérprete fazê-lo. O ato de nomeação é administrativo vinculado e sua reversão depende de idêntico procedimento, consubstanciado em uma sentença judicial (com trânsito em julgado), ou processo administrativo (com o pressuposto da ampla defesa), ou o rito periódico da avaliação de desempenho.
O julgado a seguir transcrito do TRT da 3ª Região apresenta contrapontos essenciais para os que insistem em defender uma interpretação meramente literal dos dispositivos constitucionais:
TRIBUNAL: 3ª Região. DECISÃO: 08 07 2002 TIPO: RO NUM: 6273 ANO: 2002 NÚMERO ÚNICO PROC: RO — TURMA: Sexta Turma.
EMENTA: SERVIDOR PÚBLICO. CELETISTA/ ESTATUTÁRIO. ESTABILIDADE. EMENDA CONSTITUCIONAL 19/98. DISPENSA. DISCRICIONARIEDADE/ARBITRARIEDADE. A expressão servidor público pode ser empregada em sentido amplo, para designar todas as pessoas físicas que prestam serviços

Adotou-se como paradigma a estrutura da Administração Pública Federal. Por tal razão, menciona-se e defende-se a incidência da Lei n. 9.784/99 na dispensa de empregados públicos por expressa determinação legal do art. 1º. Como essa lei só se aplica na órbita federal, entende-se que os estados, Distrito Federal e municípios devem assegurar, mediante diploma próprio, o direito ao devido processo legal na dispensa sem justa causa dos empregados públicos de suas empresas estatais.

Estabelecidas essas premissas, poderia ainda remanescer alguma dúvida sobre se a Consolidação das Leis do Trabalho teria o condão de afastar a aplicação da Lei n. 9.784/99, razão pela qual se passa a examinar tal possibilidade.

3.4 A Consolidação das Leis Trabalhistas (CLT) teria o condão de afastar a aplicação da Lei n. 9.784/99?

Da análise dos julgados anteriormente referidos, verifica-se que o entendimento segundo o qual não haveria direito a processo administrativo se baseia na incidência exclusiva do estatuto consolidado (CLT) a esses empregados, não ressalvando a aplicação da Lei n. 9.784/99.

---

ao Estado e às entidades da Administração Indireta. Os servidores públicos, em sentido amplo constituem-se em servidores estatutários (ocupantes de cargos públicos e sujeitos ao regime estatutário), os empregados públicos (contratados sob o regime celetista e ocupantes de emprego público), os servidores temporários (contratados por tempo determinado para atender necessidade temporária de excepcional interesse público, nos termos do inc. IX, art. 37, da Constituição). A Emenda Constitucional 19/98 excluiu a exigência de regime jurídico único, antes contida no *caput* do art. 39 da Constituição, de forma que cada esfera governamental pode adotar regimes jurídicos diversificados, seja estatutário, seja contratual, ressalvadas aquelas carreiras institucionalizadas, nas quais seus membros ocupam cargos efetivos, em atividades exclusivamente estatais (Magistratura, Ministério Público, etc). Assim, conforme afirma a ilustre Professora de Direito Administrativo Maria Sylvia Zanella Di Pietro, "em outras palavras, o regime estatutário poderá coexistir com o regime contratual" (*Direito Administrativo*, 12-a edição, Ed. Atlas, pág. 424). Operando-se o ingresso de servidor em cargo ou emprego público mediante concurso público de provas ou de provas e títulos, nos termos do art. 37, inc. II, da Constituição Federal, ainda que o regime jurídico adotado pelo órgão da administração pública seja o celetista, não há razão para que o administrador público dispense ao servidor celetista tratamento diverso daquele adotado em relação aos servidores estatutários no que tange à dispensa, devendo esta atender estritamente ao interesse público. Por conseguinte, independentemente da discussão de que a garantia da estabilidade alcança ou não o servidor celetista, deve-se observar a apuração minuciosa de conduta irregular, bem como a motivação para a dispensa de todo e qualquer servidor, sem o que o ato se torna arbitrário, impondo-se a reintegração ao serviço público. "Embora possa a Administração Pública optar pela adoção do regime celetista aos seus servidores, sobretudo após a Emenda Constitucional n. 19/98, nem por isso está desobrigada a observar os princípios que norteiam sua atuação, dentre os quais o da motivação dos atos jurídicos praticados" (TRT 3-a R. — 3T — RO/13305/99 — Rel. Juíza Rosemary de Oliveira Pires — DJMG 12/09/2000 — P. 10). A dispensa de servidor público reveste-se da qualidade de ato administrativo, lembrando que são princípios constitucionais da Administração Pública a moralidade, a impessoalidade, a legalidade e a publicidade. Assim, o ato administrativo deve ser sempre motivado, ainda quando discricionário, como a dispensa de servidor público, porque a discricionariedade não se confunde com arbitrariedade. Portanto, ainda que não se entenda que os servidores públicos celetistas, ocupantes de empregos públicos, gozem da estabilidade no serviço público, por força da Emenda Constitucional 19/98, a dispensa daqueles deve ser precedida de inquérito/processo administrativo, nos termos da Súmula 21 do C. STF. O ato deve ser motivado. O desligamento de servidor público não é livre, porque na Administração Pública não se está gerindo negócio particular, onde prevalece o princípio da autonomia da vontade; na

Conforme mencionado, a lei do processo administrativo aplica-se no âmbito da Administração Pública Federal, Direta e Indireta, indistintamente, bastando que se verifique a atuação de função administrativa.

Ocorre que a própria lei conduz em si a subsidiariedade de sua aplicação, ensejando a necessidade de verificar se a Consolidação das Leis do Trabalho seria conjunto de leis específicas apto a afastar a sua incidência. Dispõe o art. 69 da Lei n. 9.784/99: "Art. 69. Os processos administrativos específicos continuarão a reger-se por lei própria, aplicando-se-lhes apenas subsidiariamente os preceitos desta Lei".

A subsidiariedade da aplicação da norma, conforme se entrevê da leitura do dispositivo, só ocorrerá se houver processo administrativo específico disciplinado por norma autônoma, como ocorre, como exemplo, com as normas que regem o procedimento licitatório (Lei n. 8.666/93) e o processo administrativo disciplinar atinente aos servidores públicos efetivos (Lei n. 8.112/90).

As regras fundamentais para solução das antinomias jurídicas são três, vale dizer: critérios cronológico, hierárquico e da especialidade. Com relação ao critério da especialidade, que deve ser utilizado para o deslinde da presente antinomia, traz-se à colação o escólio de *Norberto Bobbio*[84]:

> é aquele pelo qual, de duas normas incompatíveis, *uma geral e uma especial* (ou excepcional), *prevalece a segunda: lex specialis derogat generali.* Também aqui a razão do critério não é obscura: a lei especial é aquela que anula uma lei mais geral, ou que subtrai de uma norma uma parte de sua matéria para submetê-la a uma regulamentação diferente (contrária ou contraditória). A passagem de uma regra mais extensa (que abrange uma *species* do *genus*) corresponde a uma exigência fundamental de justiça, compreendida como tratamento igual das pessoas que pertencem à mesma categoria. A passagem da regra geral à regra especial corresponde a um processo natural de diferenciação de categorias, e a uma descoberta gradual, por parte do legislador, dessa diferenciação. *Verificada ou descoberta a diferenciação, a persistência na regra geral importaria no tratamento igual de pessoas que pertencem a categorias*

Administração Pública, prepondera o interesse de toda a coletividade, "cuja gestão sempre reclama adstrição à finalidade legal preestabelecida, exigindo, pois, transparência, respeito à isonomia e fundamentação satisfatória para os atos praticados. Daí que a despedida de empregado demanda apuração regular de suas insuficiências ou faltas, com direito à defesa e, no caso de providências amplas de enxugamento pessoal, prévia divulgação dos critérios que presidirão as dispensas, a fim de que se possa conferir a impessoalidade das medidas concretamente tomadas. Perante dispensas ilegais, o empregado terá direito à reintegração no emprego, e não meramente indenização compensatória (...)".
(84) BOBBIO, Norberto. *Teoria do ordenamento jurídico.* 6. ed. Brasília: UnB, 1989. p. 92.

diferentes, e, portanto, numa injustiça. Nesse processo de gradual especialização, operada através de leis especiais, encontramos uma das regras fundamentais da justiça, que é a do *suun cuique tribuere* (dar a cada um o que é seu). Entende-se, portanto, porque a lei especial deva prevalecer sobre a geral: ela representa um momento ineliminável no desenvolvimento de um ordenamento. Bloquear a lei especial frente à geral significaria paralisar esse desenvolvimento. (grifo nosso).

Constata-se, portanto, que não admitir a aplicação da Lei n. 9.784/99 aos empregados públicos significaria uma afronta ao princípio da igualdade substancial, o qual exige tratamento igual para os iguais e desigual para os desiguais. Os empregados públicos, como agentes públicos de entidade da Administração Pública Indireta e exercentes de função administrativa, não podem ser submetidos aos mesmos preceitos de um empregado de uma empresa particular — sem a compatibilização com os princípios insertos no *caput* do art. 37 da Constituição.

Ora, a CLT não disciplina nem assegura processo administrativo na dispensa sem justa causa. Na falta de normativo específico, portanto, deve haver a aplicação da Lei n. 9.784/99. Em nenhum momento, essa Lei faz restrição de sua aplicação às empresas estatais, não sendo admitido que interpretações incautas favoreçam tal desvirtuamento. Esclarecido o questionamento, encaminha-se para as consequências da inclusão das empresas estatais sob a égide da mencionada Lei, o que é feito no próximo segmento.

4. DAS OUTRAS CONSEQUÊNCIAS DE UM PROCESSO ADMINISTRATIVO

4.1 Do ato de despedida dos empregados públicos como ato administrativo

Com fundamento no art. 16 da Declaração dos Direitos do Homem e do Cidadão ("A sociedade em que não esteja assegurada a garantia dos direitos, nem estabelecida a separação dos poderes não tem constituição"), os "arautos do liberalismo administrativo" adaptaram a fórmula ali expressa para concluir que, onde não há uma lei geral do procedimento administrativo, não se pode falar em Estado de Direito ou, pelo menos, este está seriamente ameaçado. Partindo dessa visão, o Direito Administrativo é entendido como um direito contra a Administração, personificando esta as forças leviatã[85].

A doutrina austríaca viu na configuração justa do procedimento uma exigência do princípio do Estado de Direito, a jurisprudência italiana acolheu numa decisão do princípio da década de 1960 a ideia de um "procedimento justo", mas não se ignora que cabe à doutrina e à jurisprudência alemãs-federais o mérito de, principalmente a partir do início da década de 1970, tratar esse problema de modo mais aprofundado. Falando na relação entre procedimento e direitos fundamentais essencialmente alemã, não será de estranhar que seja essa área a mobilizar as preocupações e a marcar as reflexões que se seguem.[86]

João Carlos S. G. Loureiro garante que "as relações entre direitos fundamentais e procedimento administrativo devem ser analisadas considerando diferentes tópicos: a dependência dos direitos fundamentais do procedimento administrativo e a eficácia dos direitos fundamentais no procedimento, nomeadamente a sua relevância na conformação procedimental, em matéria de vícios do procedimento e na interpretação das normas procedimentais conforme os direitos fundamentais".[87]

No que se refere à dependência dos direitos fundamentais do procedimento administrativo, uma exigência nessas relações "é a de uma conformação

---

(85) LOUREIRO, João Carlos Simões Gonçalves. *O procedimento administrativo entre a eficiência e a garantia dos particulares.* 1. ed. Coimbra: Coimbra Editora, 1995. p. 160.
(86) *Ibidem*, p. 203.
(87) *Ibidem*, p. 208.

procedimental adequada dos direitos fundamentais que não se limita aos direitos materiais, mas compreende também os direitos procedimentais autônomos. Há direitos fundamentais que estão absolutamente na dependência de um procedimento, não podendo ser efectivos sem um procedimento de reconhecimento. Os casos de escola são o direito de asilo e o exercício do direito de objeção de consciência em relação à prestação do serviço militar. Ossenbuhl designa-os como 'direitos procedimentalmente dependentes' (*verfahrensabhangige Rechte*)".[88]

A participação e o devido processo legal devem levar em consideração os tipos de procedimento e os direitos em discussão. Pode, contudo, ser considerado como ponto comum dos procedimentos externos a garantia mínima de participação, traduzida como direito, ainda que *prima facie*, de audição, com dignidade constitucional.

A participação procedimental pode ser dividida, à luz dos ensinamentos de *João Carlos Simões Gonçalves de Loureiro*,[89] em duas dimensões:

"a) *uti singuli* para a tutela de bens singulares e colaboração com a Administração, onde será distinguido partes, participantes ou interessados. Pressupõe-se a intervenção no procedimento administrativo para prosseguir um interesse próprio que, do ponto de vista jurídico, pode ser, segundo a terminologia consagrada entre nós, ou um direito subjetivo ou um interesse legítimo. Interessados são todos aqueles que possam ter seus direitos violados sujeitos a consequências decorrentes do procedimento.

b) *uti civis* para a participação como membro de uma comunidade. Ou seja, uma participação da esfera pública que é diferente da participação dos afetados. Existem procedimentos onde restada evidenciado situações em que o cidadão atua como participante, não como parte."

O procedimento justo pode ser entendido como uma dimensão de participação (audição); como uma dimensão de informação em que os cidadãos sejam diretamente interessados, intimamente ligada a uma dimensão de publicidade e transparência; "c) uma dimensão de fundamentação (motivação), caso entenda-se, como fazem *Gomes Canotilho* e *Vital Moreira* que '*a fundamentação é um elemento essencial do próprio procedimento administrativo*'; d) uma dimensão de eficiência, entendida aqui em termos de

---

(88) LOUREIRO, João Carlos Simões Gonçalves. *O procedimento administrativo entre a eficiência e a garantia dos particulares*. 1. ed. Coimbra: Coimbra Editora, 1995. p. 208.
(89) *Ibidem*, p. 248-249.

celeridade e racionalização; e) uma dimensão de imparcialidade, objecto de um autônomo princípio constitucional, que exige a imparcialidade dos agentes administrativos que intervêm no procedimento administrativo".[90]

Não poderia ser diferente o entendimento segundo o qual o procedimento justo funciona como um ideal regulativo, exigido pelos direitos fundamentais, pelo princípio do Estado de Direito e o princípio democrático, cuja densificação varia desde logo, com o tipo de funções em causa.[91]

Numa cultura dos direitos fundamentais torna-se claro que a sua eficácia se faz necessária por meio das vias procedimentais. Daí a importância da Lei n. 9.784/99, que cuida dos procedimentos ou processos administrativos a serem aplicados pela Administração Pública Federal brasileira.

Desse modo, são atos administrativos as prescrições unilaterais, concretas ou abstratas, enunciadas pelas autoridades legislativa, judiciária, dos tribunais de contas, os promovidos pelos concessionários e permissionários de serviços público, quando estiverem obrigados a observar o regime jurídico aplicável aos atos administrativos, além, logicamente, dos atos enunciados pela Administração Pública, quando tiverem de observar idêntico regime jurídico.

A propósito do conceito de ato administrativo, urge salientar que ele varia de ordenamento para ordenamento, conforme é confirmado pelas palavras de *Diogo Freitas do Amaral*: "as concepções teóricas acerca do conceito de acto administrativo têm variado muito, e ainda hoje não são coincidentes, de país para país, e de autor para autor. As divergências provêm, umas vezes, das diferenças de conteúdo dos vários direitos nacionais; outras vezes, das diferenças de concepções ou de sistema dos vários autores; e outras, ainda, das diferenças de redação ou formulação que se verificam mesmo entre aqueles que visivelmente pretendem exprimir ideias iguais ou muito semelhantes".[92]

O Estado, para realizar seus fins, necessita efetuar determinadas funções, daí dizer-se que o poder é uno, porém, o que se divide são suas funções: *administrativa* ou *executiva*, *legislativa* e *judiciária*. O grande mérito de Montesquieu foi haver asseverado que as diferentes atividades do Estado deveriam ser desenvolvidas por órgãos distintos e autônomos. Foi ele quem

---

(90) LOUREIRO, João Carlos Simões Gonçalves. *O procedimento administrativo entre a eficiência e a garantia dos particulares*. 1. ed. Coimbra: Coimbra Editora, 1995. p. 248 e ss.
(91) *Ibidem*, p. 257.
(92) AMARAL, Diogo Freitas do. *Curso de direito administrativo*. 6. reimpressão da edição de 2001. Coimbra: Almedina, 2006. v. II, p. 208.

propôs a divisão dos órgãos estatais em correspondência com a diversidade de atividades estatais.

O Estado, ao dividir suas funções, deixa o exercício da *função administrativa* sob a responsabilidade do Poder Executivo, não de forma absoluta, mas de modo que o ato administrativo seja produzido de forma preponderante pelo mencionado poder; pois, como se viu alhures, os Poderes Legislativo e Judiciário, igualmente, exercem funções administrativas[93] e, quando nesse exercício, praticam ato administrativo.

Na doutrina portuguesa, a propósito do conceito de ato administrativo, *Diogo Freitas do Amaral* assegura, em resumo, que "o conceito de acto administrativo apareceu como modo de delimitar certos comportamentos da Administração em função da fiscalização da actividade administrativa pelos tribunais, tendo, dessa perspectiva, primeiro servido como *garantia da Administração*, e depois, como garantia dos particulares".[94] (grifo nosso)

Nessa linha, *Sérvulo Correia* conceitua ato administrativo nos seguintes termos: "o ato administrativo é um instrumento jurídico de composição de interesses públicos e privados ou meramente públicos através da configuração imperativa de situações intersubjetivas. Como técnica de criação de efeitos jurídicos, o acto administrativo impregna a relação jurídica administrativa sobre a qual incide, a qual passa a ter o conteúdo do acto administrativo entre os seus próprios elementos[95].

Para efeito do presente estudo[96], adota-se, igualmente, o conceito de ato administrativo da lavra de *Celso Antônio Bandeira de Mello*: "Declaração do Estado (ou de quem lhe faça as vezes — como, por exemplo, um concessionário de serviço público), no exercício de prerrogativas públicas, manifestada mediante providências jurídicas complementares da lei a título de lhe dar cumprimento, e sujeitas a controle de legitimidade por órgão jurisdicional".[97]

---

(93) Celso Antônio Bandeira de Mello ensina: "É que a Administração exerce função: a função administrativa. Existe função quando alguém está investido no dever de satisfazer dadas finalidades em prol do interesse de outrem, necessitando, para tanto, manejar os poderes requeridos para supri-las. Logo, tais são instrumentais ao alcance das sobreditas finalidades. Sem eles, o sujeito investido na função não teria como desincumbir-se do dever posto a seu cargo. Donde, quem os titulariza maneja, na verdade, deveres-poderes, no interesse alheio" (2003, p. 62).
(94) AMARAL, Diogo Freitas do. *Curso de direito administrativo*. 6. reimpressão da edição de 2001. Coimbra: Almedina, 2006. v. II, p. 205.
(95) CORREIA, José Manuel Sérvulo. A impugnação de atos administrativos. In: *Cadernos de Justiça Administrativa*, n. 16, jul./ago., Lisboa, 1999, p. 12.
(96) FIGUEIREDO, Lucia Valle. *Curso de direito administrativo*. São Paulo: Malheiros, 1998. p. 88, conceitua ato administrativo nos seguintes termos: "É a norma concreta, emanada pelo Estado ou por quem esteja no exercício da função administrativa, que tem por finalidade criar, modificar, extinguir ou declarar relações entre este (o Estado) e o administrado, suscetível de ser contrastada pelo Poder Judiciário".
(97) MELLO, 2003, p. 352.

Os conceitos reproduzidos condensam todos os elementos necessários à distinção do ato administrativo dos demais atos, todavia, é imperioso, para apreciação do tema proposto, o exame da perfeição, validade e eficácia do ato administrativo.

Diz-se que o ato administrativo é perfeito quando tramitou por todas as fases necessárias para sua formação. Está pronto para produzir os efeitos.

O ato administrativo é válido quando produzido de conformidade com a lei que o regula. Validade é a adequação do ato às exigências da ordem jurídica. Logo, se o ato administrativo é recepcionado pelo ordenamento jurídico, diz-se que ele é valido.

A bem da verdade, são poucos os doutrinadores que ousam garantir que o ato rescisório do contrato de trabalho de empregado público integra o conceito de ato administrativo. Com raras exceções, *Paulo Luiz Durigan* afirma categoricamente ser o ato de demissão em tais empresas ato administrativo, exatamente, por força da nova redação imposta pela Emenda Constitucional n. 19/98 ao art. 37, II[98], da Carta Política de 1988.

Por sua vez, *Ney José de Freitas* pondera que, mesmo quem admite que o ato de dispensa deve ser motivado, em face dos princípios constitucionais que regem o exercício da função administrativa, não afirma, expressamente, ser a aludida conduta estatal manifesta, no mundo exterior, por meio da espécie conhecida como ato administrativo. Daí por que referido magistrado assevera de forma contundente: "(...) é de todo conveniente dissipar essa dúvida, reconhecendo o ato rescisório como espécie de ato administrativo, com todas as consequências que possam surgir deste enquadramento jurídico".[99]

Em abono de sua tese, sustenta que o Estado empregador, quando contrata pelo regime trabalhista, submete-se, por evidente, ao regramento contido nesse ramo do Direito, porém, a relação jurídica que forma recebe, ainda, o influxo de princípios e regras próprias do Direito Administrativo, formando o denominado regime híbrido.

O regime jurídico, como antes afirmado, em face de sua natureza híbrida, decorre do fato de que o Estado, mesmo quando assume a posição de empregador sob os auspícios das regras trabalhistas, continua submetido aos princípios constitucionais constantes do art. 37 da Constituição Federal

---

(98) Art. 37, II — a investidura em cargo ou emprego público depende de aprovação prévia em concurso público de provas ou de provas e títulos, de acordo com a natureza e a complexidade do cargo ou emprego, na forma prevista em lei, ressalvadas as nomeações para cargo em comissão declarado em lei de livre nomeação e exoneração.
(99) FREITAS, Ney José de. *Dispensa de empregado público e o princípio da motivação*. Curitiba: Juruá, 2002. p.115.

de 1988 e outros decorrentes daquele preceptivo. Além do mais, está obrigado ao cumprimento das demais normas infraconstitucionais, no caso específico, aos ditames da Lei n. 9.784/99, expressa neste trabalho por diversas vezes.

Esses dois fatores, imposição do respeito aos princípios constitucionais e observância da Lei n. 9.784/99, pintam com diferentes tons a relação jurídica de trabalho existente entre empregado e o Estado empregador. Não é, nem poderia ser, uma relação de trabalho como aquela que se origina no contrato de trabalho firmado entre dois particulares, em que não se faz a exigência de concurso público ou o cumprimento de outras formalidades, devendo, nessa última hipótese, prevalecer a pureza da norma trabalhista.

De outra banda, é indene de dúvida o fato de que o ato produzido pelo Estado, ou por quem lhe faça as vezes, como lecionam *Celso Antônio Bandeira de Mello, Lucia Valle Figueiredo* e *Diógenes Gasparini*, no exercício da função administrativa, somente pode ser encartado no conceito de ato administrativo. É forçoso concluir que o ato de despedida da sociedade de economia mista é ato administrativo, pois praticado por quem faz as vezes do Estado, além do que está por imposição constitucional jungido nesse particular ao regime jurídico administrativo.[100]

Defende-se o argumento de que o Estado, em momento algum, se equipara ao empregador particular, pois, desde a admissão do empregado público, é possível constatar-se a presença de normas de direito público a derrogar o ordenamento jurídico trabalhista, visto que, na ordem constitucional vigente, só é juridicamente viável o ingresso em cargo ou emprego público mediante a aprovação em concurso público, exigência que inexiste em relação ao empregador particular[101].

---

(100) DI PIETRO, Maria Sylvia Zanella, 2003, p. 64, reserva a expressão regime jurídico administrativo tão somente para abranger o conjunto de traços, de conotações, que tipificam o Direito Administrativo, colocando a Administração Pública numa posição privilegiada, vertical, na relação jurídico-administrativa. Enquanto a expressão regime jurídico da Administração Pública é utilizada para designar, em sentido amplo, os regimes de direito público e de direito privado a que se pode submeter a Administração Pública. O regime administrativo resume-se a prerrogativas e sujeições. As prerrogativas são as regalias usufruídas pela Administração, na relação jurídico-administrativa, derrogando o direito comum diante do administrador, ou seja, são as faculdades especiais conferidas à Administração, quando se decide agir contra o particular; mas, ao lado das prerrogativas, existem restrições a que está sujeita a Administração, sob pena de nulidade do ato administrativo. Dentre tais restrições, citem-se a observância da finalidade pública, bem como os princípios da moralidade, legalidade, publicidade, sujeição à realização de concurso para seleção de pessoal. Ao mesmo tempo que as prerrogativas colocam a Administração em posição de supremacia perante o particular, sempre com o objetivo de atingir o benefício da coletividade, as restrições a que está sujeita limitam a sua atividade a determinados fins e princípios que, se não observados, implicam desvio de poder e consequente nulidade dos atos da Administração. O conjunto de prerrogativas e restrições a que está sujeita a Administração, e que não se encontra nas relações entre particulares, constitui o regime jurídico administrativo. Muitas dessas prerrogativas e restrições são expressas sob a forma de princípios que informam o direito público e, em especial, o Direito Administrativo.

(101) FREITAS, Ney José de. *Dispensa de empregado público e o princípio da motivação*. Curitiba: Juruá, 2002. p. 116-117.

A não equiparação do Estado empregador ao empregador particular, nos casos das empresas estatais, confirma que o ato objeto de vontade estatal é ato administrativo.[102]

Na doutrina portuguesa, *Diogo Freitas do Amaral*[103] é categórico ao afirmar que existem atos que não foram praticados por órgãos administrativos, mas, ainda assim, são atos administrativos.

Resta evidente que as regras do regime jurídico administrativo devem ser observadas pelo ato da dispensa de empregado público das estatais. Corrobora esse entendimento a inteligência que se extrai da dicção dos arts. 169 e 71, III[104], ambos da Constituição Federal, ao tratar do controle das despesas com pessoal e do controle externo.

Observe-se que o art. 169, § 1º, da Constituição Federal, disciplina o controle de despesas com pessoal, limitando a concessão de qualquer vantagem ou

---

(102) A doutrina brasileira tergiversa sobre este tema, contudo, tem-se doutrinadores no Brasil que defendem o ato de despedida como ato administrativo, como é o caso de Ney José Freitas do Amaral: "se o Estado Empregador não se equipara ao empregador particular, a conclusão somente pode ser no sentido de que o ato objeto da vontade estatal é ato administrativo, atraindo, portanto, a incidência de todo o aparato normativo e doutrinário criado para envolver esta espécie de ato jurídico, sob pena de desacato à lógica, e o que é mais grave, não oferecendo ao ato de despedimento uma qualificação jurídica adequada, o que não se compadece com uma visão sistemática do direito. (...) Em suma: o ato que produz o despedimento de empregado público é ato administrativo com todas as consequências geradas por esta forma de abordagem".
(103) Cf. AMARAL, Diogo Freitas. *Curso de direito administrativo*. 6. reimpressão da edição de 2001. Coimbra: Almedina, 2006, v. II: "discutiu-se durante muito tempo o problema de saber se estes atos materialmente administrativos, mas organicamente provindos de órgãos de outros poderes do Estado, eram ou não actos administrativos e, como tais, sujeitos a recurso contencioso para os tribunais administrativos. Por exemplo: O Presidente da República demite ilegalmente um funcionário da Presidência; a mesa da Assembleia da República promove ilegalmente um funcionário dos seus serviços administrativos; um juiz aplica ilegalmente uma pena disciplinar a um funcionário judicial. *Quidis juris?* Será possível aos interessados recorrer contenciosamente destas decisões ilegais? **Serão elas atos administrativos?**
Inicialmente, prevaleceu a ideia de que esses actos não eram administrativos: primeiro, porque não provinham de *órgãos da Administração*, e segundo, e consequentemente, porque não fazia sentido submeter tais actos à fiscalização dos tribunais administrativos. Na verdade, estes eram então concebidos como órgãos do Poder Executivo, fazendo parte da Administração, e portanto era inadmissível que tribunais pertencentes ao Poder Executivo pudessem apreciar e eventualmente anular com base em ilegalidade actos praticados por órgãos de outros poderes do Estado. Mas as concepções foram evoluindo: de um lado, começou a parecer intolerável num Estado de Direito que actos jurídicos de diversos órgãos dos Estado não pudessem ser objeto de recurso contencioso para garantia dos particulares; de outro lado, começou primeiro a duvidar-se, e depois a contestar-se aberta e convictamente, que os tribunais administrativos fossem mesmo órgãos do Poder Executivo, e surgiram as primeiras aproximações a uma visão 'judiciária' desses tribunais.
De tudo resultou que certas leis, como, actualmente, já o vimos, o ETAF, foram admitindo recurso contencioso contra determinadas categorias de actos administrativos emanados de órgãos não administrativos do Estado."
(104) Redação da Constituição Federal de 1988, art. 169: "A despesa com pessoal ativo e inativo da União, dos Estados, do Distrito Federal e dos Municípios não poderá exceder os limites estabelecidos em lei complementar. § 1º A concessão de quaisquer vantagens ou aumento de remuneração, a criação de cargos, empregos e funções ou alteração de estrutura de carreiras, bem como a admissão ou contratação de pessoal, a qualquer título, pelos órgãos e entidades da administração direta ou indireta, inclusive fundações instituídas e mantidas pelo Poder Público, só poderão ser feitas: I — se houver prévia dotação orçamentária suficiente para atender às projeções de despesa de pessoal e aos acréscimos dela decorrente; II — se houver autorização específica na lei de diretrizes orçamentárias, ressalvadas as empresas públicas e as sociedades de economia mista.

aumento de remuneração, a admissão ou contratação de pessoal ou crescimento de despesa pelas entidades da administração indireta à existência prévia dotação orçamentária. Por sua vez, o art. 71, III, umbilicalmente ligado àquele artigo, prevê que o controle dos referidos gastos é efetivamente feito pelo Tribunal de Contas, daí por que se conclui, então, pela observância obrigatória das regras de regime jurídico administrativo ao ato de despedida das sociedades de economia mista e das empresas públicas por expressa determinação constitucional.

O Estado empregador, ao dispensar empregados públicos sem justa causa, hipótese em que haverá a incidência de verbas rescisórias e indenização de 40% sobre o saldo do FGTS, produzirá um aumento de despesas. O ato de despedida de empregado de sociedade de economia mista é ato administrativo, exatamente por se encontrar submetido a controle e limitações do regime jurídico de direito público, por necessitar guardar consonância com uma finalidade pública determinada, enfim, por consubstanciar-se no exercício de uma função administrativa.

Por outro lado, cabe registrar o fato de que, ainda que houvesse a pretensão de incluir tais atos como de direito privado, como anacronicamente pretendem alguns, haja vista a imposição do regime de direito privado às relações trabalhistas do empregado de sociedade de economia mista (CF, art. 173, § 1º, II), sob a óptica de *Agustín Gordillo*[105], devem ser considerados atos administrativos, uma vez que "é o Direito Administrativo que lhes governa as condições de válida produção, de sorte que o controle deles se faz à moda do que corresponde aos atos administrativos, inclusive com a arguição dos mesmos vícios".

Reconhecida a natureza de ato administrativo, deve o ato de despedida observar não apenas os cinco elementos apontados pela doutrina majoritária como essenciais (competência, finalidade, forma, motivo e objeto), mas também deve essencialmente, seguindo tendência do Direito Administrativo moderno, apresentar os fundamentos fáticos e jurídicos que o embasam, ou seja, a motivação.

Apesar de ter vigorado no Direito Administrativo a regra da não obrigatoriedade de enunciar os motivos do ato, salvo imposição explícita da norma, ressalva-se que, a partir da década de 1970, vem ocorrendo a predominância da exigência de motivação.

(...) Art. 71. O controle externo, a cargo do Congresso Nacional, será exercido com o auxílio do Tribunal de Contas da União, ao qual compete: I — (*omissis*); II — (*omissis*); III — apreciar, para fins de registro, a legalidade dos atos de admissão de pessoal, a qualquer título, na administração direta e indireta, incluídas as fundações instituídas e mantidas pelo Poder Público, excetuadas as nomeações para cargo de provimento em comissão, bem como a das concessões de aposentadorias, reformas e pensões, ressalvadas as melhorias posteriores que não alterem fundamento legal do ato concessório".
(105) GORDILLO, Agustín. *Tratado de derecho administrativo,* Tomo 3, El Acto Administrativo. 3. ed. Buenos Aires: Macchi, 1979, *apud* MELLO, Celso Antônio Bandeira de. *Curso de direito administrativo*. São Paulo: Malheiros, 2003. p. 351.

Ressalte-se, ademais, a lei que regula o processo administrativo no âmbito da Administração Pública Federal — Lei n. 9.784/99 — elencou em seu art. 2º expressamente a motivação como princípio, estabelecendo no seu art. 50 uma série de atos para os quais a motivação é imprescindível. O assunto, apesar de já referido em vários tópicos do presente ensaio, será detalhado desde agora, na seção que cuida da necessidade de motivação do ato administrativo de despedida das sociedades de economia mista.

4.2 Da necessidade de motivação do ato de despedida do empregado público

Apesar de já respondido em diversas passagens deste texto sobre a necessidade de motivação do ato de despedida do empregado de sociedade de economia mista, cumpre, agora, reforçar todo o entendimento até aqui mantido, segundo o qual o referido ato submete-se aos princípios constitucionais da Administração Pública, notadamente no que se refere à necessidade de motivação, como requisito de validade do ato rescisório, bem como trazer à baila os entendimentos jurisprudenciais dos tribunais regionais, do Superior Tribunal do Trabalho e do guardião da Ordem Constitucional, o Supremo Tribunal Federal, sobre o tema proposto.

Segundo *Hely Lopes Meirelles*[106], "a ampliação do princípio do acesso ao Judiciário (CF, art. 5º, XXXV), conjugado com o princípio da moralidade administrativa (CF, art. 37, *caput*), torna a motivação, em regra, obrigatória". A ausência do dever de motivar deve ser explícita — quando a lei dispensar ou se a natureza do ato for com ele incompatível. Por assim dizer, a ausência de motivação obedece ao princípio da razoabilidade.

O ato da dispensa de empregado público não se enquadra naqueles que apresentam natureza incompatível com a motivação. Não se pode afirmar que a CLT, ao permitir a dispensa sem justa causa, possibilita às empresas estatais a dispensa de seus empregados, sem motivação. A necessidade de motivação decorre da harmonização do regime jurídico administrativo com as leis trabalhistas. Daí por que se abre, de logo, um parêntese para demonstrar a compatibilidade da motivação dos atos em estudo com as regras da Consolidação das Leis do Trabalho — CLT.

Na pena da magistrada *Germana de Oliveira Moraes*, a obrigatoriedade de motivação explícita, clara, congruente e tempestiva dos atos administrativos decorre:

---

(106) MEIRELLES, Hely Lopes. *Direito administrativo brasileiro*. 23. ed. São Paulo: Malheiros, 1999. p. 149.

(...) Na ordem jurídica brasileira, dos princípios constitucionais da Administração Pública, independentemente da existência de previsão de norma constitucional específica. *No plano infraconstitucional, ela está contemplada, como princípio da Administração Pública, no artigo 2º da Lei 9.784, de 29.1.1999, cujo artigo 50 determina que os atos administrativos ali catalogados deverão ser motivados, com indicação dos fatos e fundamentos jurídicos.*[107] (grifo nosso)

Nessa linha de raciocínio, a magistrada assinala que "muito embora fosse preferível, tanto sob o ponto de vista de política legislativa, quanto sob aquele de opção axiológica-normativa, que esta obrigatoriedade extraísse seu fundamento de uma norma constitucional específica que o garantisse, em nosso ordenamento, ela prescinde da existência de uma regra constitucional que a imponha", decorrendo a obrigatoriedade de motivação dos princípios constitucionais do Estado Democrático de Direito, da razoabilidade, do direito da ampla defesa, da publicidade e do princípio da inafastabilidade à tutela jurisdicional. No Brasil, à semelhança do que ocorre na Alemanha e em França, ampara-se o dever de motivar em norma infraconstitucional, nos arts. 2º e 50 da Lei n. 9.784/99, que regula o processo administrativo no âmbito da Administração Pública federal.[108]

No caso em estudo, o ato de despedida é praticado por um ente ligado à Administração Pública Indireta, estatais, que se encontram jungidas aos princípios constitucionais insertos no art. 37, da Carta Política, e ao regramento infraconstitucional imposto pela Lei n. 9.784, de 29.01.1999, o qual impõe a observância obrigatória de todos os ditames do regime jurídico do ato administrativo no exercício da função administrativa por parte dos entes da Administração Indireta. Verifica-se, com efeito, que o ato de despedida da sociedade de economia mista é ato administrativo, pois praticado por ente governamental no exercício de função administrativa.

Não obstante a interpretação do comando do disposto no art. 37 da Carta Magna de 1988, que não permite ao administrador público ofender os princípios da legalidade, impessoalidade, moralidade, publicidade e eficiência, o Tribunal Superior do Trabalho não acompanhou o avanço já alcançado pelos tribunais regionais. Preferiu a interpretação flexibilizadora do direito, que atende mais ao interesse do capital à consecução de seus objetivos conhecidos: maior produtividade, maximização dos lucros ao menor custo

---

(107) MORAES, Germana de Oliveira. Obrigatoriedade de motivação explícita, clara, congruente e tempestiva dos atos administrativos. *Revista do Curso de Mestrado em Direito da UFC — Nomos*, v. 16,17 e 18, n. 4-6, p. 11-15, jan./dez. 1997/1999.
(108) *Ibidem*, p. 12.

operacional possível, ao emprestar interpretação isolada ao disposto no § 1º do art. 173 da CF, ao pacificar sua jurisprudência por meio da Orientação Jurisprudencial n. 247 (TST)[109] da SDI 1, no sentido de que não há necessidade de motivação do ato de dispensa de empregados de empresas estatais, pois, nesse caso, o regime é aquele próprio das empresas privadas, nos termos do art. 173, § 1º, II, da Constituição Federal. Esta interpretação é reducionista e violadora dos princípios constitucionais e da Lei n. 9.784/99. Senão, observe-se.

A Constituição não pode ser examinada isoladamente, olhando-se, apenas, um de seus dispositivos (art. 173, § 1º, II), olvidando que ele se encontra dentro de um complexo de normas que devem ser observadas como um todo. A Constituição, ao dispor a ordenação normativa suprema do País, estabelece um liame — vínculo dessa ordenação normativa — outorgando-lhe unidade e conteúdo sistemático, no sentido de que, para aplicação de determinado postulado do mesmo Texto Constitucional, há que se observar o princípio da unidade da ordem jurídica.

Luís Roberto Barroso, aproveitando, ao que tudo indica, das ideias de *Del Vecchio*, ao tratar das regras hermenêuticas que devem preponderar na interpretação constitucional, afirma que a Constituição "(...) não é um conjunto de normas justapostas, mas um sistema normativo fundado em determinadas ideias que configuram um núcleo irredutível, condicionante da inteligência de qualquer de suas partes. O princípio da unidade é uma especificação da interpretação sistemática, e impõe ao intérprete o dever de harmonizar as tensões e contradições entre normas".[110]

É imperioso registrar o fato de que o Professor *Ney José de Freitas*, juiz do TRT-PR, conhecido pelos seus dotes na área do Direito Administrativo e Constitucional, em seu livro *Dispensa de empregado público & o Princípio da Motivação*, ao examinar o disposto no art. 173, § 1º, II, em conjunto com os demais postulados constitucionais, manifesta-se no sentido de que há equívoco no entendimento de que seja inaplicável a adoção dos princípios orientadores da Administração Pública disciplinados pelo comando do art. 37, *caput,* da CF para a dispensa dos empregados de sociedade de economia mista e de suas subsidiárias que explorem atividade econômica, uma vez que a todas se aplica o condicionamento à necessária motivação do ato rescisório.

Buscando substrato nos princípios preponderantes recepcionados pelo Direito protetivo do trabalho e nas normas que compõem o ordenamento

---
(109) OJ247. Servidor público. Celetista concursado. Despedida imotivada. Empresa pública ou sociedade de economia mista. Possibilidade. Inserida em 20.06.01.
(110) BARROSO, Luís Roberto. *Interpretação e aplicação da Constituição*. São Paulo: Saraiva: 1996. p. 182.

jurídico brasileiro e nos ensinamentos do juiz *Ney José de Freitas*, na obra já citada, a respeito do alcance do regrado pelo art. 173, § 1º, da *Lex Legum*, o TRT-PR (9ª Região) chegou a editar a Súmula 03, adotando a exigência do cumprimento dos princípios então exigidos pelo art. 37, *caput*, pacificando o entendimento da necessidade da motivação da despedida sob pena de invalidade do ato rescisório, o que provocou diversas decisões reconhecendo o direito de os concursados das empresas vinculadas à Administração Pública, mesmo indiretamente, incluindo-se as concessionárias do serviço público, não serem demitidos sem motivação, a teor do art. 37, *caput,* da Constituição Federal.

Registre-se o fato de que tal entendimento está em consonância com o ordenamento jurídico e com a melhor interpretação do Texto Constitucional. Com efeito, a leitura dos arts. 37 e 173 deve ser feita numa interpretação unitária de todo o sistema protetivo ao trabalho humano, sendo de se ponderar que a Carta Política vigente, já em seu artigo primeiro, traz como fundamentos da República Federativa do Brasil a observância: I — a soberania; II — a cidadania; III — a dignidade da pessoa humana; IV — aos valores sociais do trabalho e da livre iniciativa.

Urge salientar, ainda, que o Direito Constitucional não protege o interesse especulativo do lucro, mas sim assegura prevalência do social (CF, art. 5º, inciso XXIII e inciso III do art. 170), sendo que o Estado do Bem-Estar Social se encontra assegurado, como se extrai da inteligência dos arts. 1º, III e IV, 3º c/c o art. 193 da Carta Política de 1988, segundo os quais a ordem econômica deve ser fundada na valorização do trabalho humano e na livre iniciativa, tendo por fim assegurar a todos existência digna, conforme os ditames da justiça social.

A interpretação mais condizente com os valores sociais do trabalho que pode ser extraída do art. 173, § 1º, II, da Constituição Federal, pode ser resumida na pena de *Ney José de Freitas* nos seguintes termos: "a personalidade de direito privado atribuída às sociedades de economia mista é, assim, mero recurso técnico, incapaz de provocar distúrbios na intimidade dessas pessoas jurídicas, pois são, em essência, sujeitos auxiliares do Estado. Não se cogita de que o expediente tenha o condão de embargar a positividade de certos princípios e normas de direito público, sob pena de converter-se o acidental — a personalidade de direito privado — em essencial, e o essencial — caráter de sujeitos auxiliares do Estado — em acidental. No que se refere às empresas públicas e sociedade de economia mista objeto de interferência do Estado (serviços governamentais), a situação é peculiar. De fato, essas pessoas jurídicas submetem-se, basicamente, ao mesmo regime aplicável às empresas privadas. Contudo, tal afirmação deve receber uma dose de temperamento. A aplicação do mesmo regime das empresas privadas não significa identidade absoluta. A esse respeito aprecie-se a notável lição do Ministro Celso de Mello, quando afirma que esse preceito (CF/88, art. 173) veicula norma de equiparação, que visa deslegitimar qualquer deliberação do Poder Público que, ao conferir privilégio a entidades paraestatais que explorem atividade econômica, importe em tratamento discriminatório incompatível com os postulados constitucionais da livre iniciativa e da livre concorrência entre diversos agentes econômicos. Não há dúvida, portanto, que a norma constitucional pretendeu evitar qualquer tratamento discriminatório entre empresas do Estado de interferência na atividade econômica e empresas privadas, sob pena de afronta ao princípio da igualdade. Atento a esse fato, o sempre citado *Celso Antônio* afirma que a regra constante do § 1º do art. 173 da CF/88 contém exagero que exige adequação interpretativa. Em verdade, nesse caso, configura-se um típico regime híbrido: incidência do direito privado, em mescla com regras e princípios de direito público. A conclusão do autor é certeira no sentido de que o propósito do texto mencionado foi impedir que o Poder Público, atuando em reduto próprio dos particulares, pudesse auferir privilégios, gerando concorrência desleal, o que, sem dúvida, não agrada ao que dispõe o ordenamento constitucional em vigor".[111]

Observe-se que, contudo, o Tribunal Superior do Trabalho divorcia-se da melhor interpretação que deve ser dada na aplicação dos normativos constitucionais (CF, arts. 37 e 173), que, em muito, aparentemente, seriam excludentes, mas que, numa interpretação lógico-sistemática, leva a duas brilhantes conclusões já manifestadas pelo órgão encarregado de dizer o Direito em última instância, mantendo a unidade e a coerência da ordem jurídica — Supremo Tribunal Federal: a primeira, no sentido de que o exercício abusivo, pelo empregador, do poder de despedir sem justa causa, implica nulidade do ato demissório; e a segunda, no sentido de que a existência do interesse público[112] é requisito de validade do ato de dispensa. No que toca ao segundo aspecto, o Ministro Celso Mello (RExt. 01302062/210 — Recorrente: Companhia Paranaense de Energia — COPEL; Recorrido: Carlos Alberto

---

(111) Nesse sentido, FREITAS, Ney José de. *Dispensa de empregado público e o princípio da motivação.* Curitiba: Juruá, 2002. p. 101-102.
(112) Para Celso Antônio Bandeira de Mello, *op. cit.*, p. 50;52;56, ninguém duvida da importância da noção jurídica de interesse público. O ato administrativo que dele se desencontre será necessariamente inválido. O interesse público deve ser pensado como o "interesse do todo, ou seja, do próprio conjunto social, assim, como acerta-se também em sublinhar que não se confunde com a somatória dos interesses individuais, peculiares de cada qual". Conclui, então, que "uma vez reconhecido que os interesses públicos correspondem à dimensão pública dos interesses individuais, ou seja, que consistem no plexo dos interesses dos indivíduos **enquanto partícipes da Sociedade** (entificada juridicamente no Estado), nisto incluído o depósito intertemporal destes mesmos interesses, põe-se a nu a circunstância de que não existe coincidência necessária entre interesse público e o interesse do Estado e demais pessoas de Direito público". Fica visível que "existe um direito individual, particular atinente às conveniências de cada um no que concerne aos assuntos de sua vida particular — interesse, este, que é o da pessoa ou grupo de pessoas *singularmente consideradas* —, e que, de par com isto, existe também o interesse *igualmente pessoal* destas mesmas pessoas ou grupos, mas que compareçam enquanto partícipes de uma coletividade maior na qual estão

dos Reis e Outros), a certa altura de seu voto, afirma: "no âmbito das relações de emprego operada pelo Estado, os limites ao poder de despedida imotivada se afirmam com mais rigor, devendo existir para assegurar que a entidade estatal atue em nome do interesse do Poder Público (é dizer: no interesse público) sem desvio ou abusos[113]".

É oportuno esclarecer que as interpretações infirmadas sobre a aplicabilidade do art. 173 da Constituição Federal são de duas ordens. Uma parte da doutrina sustentava que a aplicação do citado artigo tinha por fim proteger a sociedade de economia mista da burocracia imposta aos entes da Administração Pública. Outra parte da doutrina entendia que o objetivo da norma constitucional era impedir a concorrência desleal entre as empresas estatais e as empresas do setor privado.

Urge trazer à baila as consequências advindas dessas duas interpretações. A primeira delas tira do seu âmbito de incidência as sociedades de economia mista exploradoras de atividade econômica do Direito Administrativo para colocá-las sob os auspícios do direito privado, não se aplicando a elas prerrogativas (imunidade tributária, poderes de império nas relações contratuais), nem as sujeições administrativas (dever de licitar, de fazer concurso público, de motivar os atos de dispensa de empregados). Quanto à segunda interpretação, apenas proíbe as benesses das prerrogativas públicas, todavia, obriga-as ao cumprimento das sujeições administrativas.

A propósito dessas duas interpretações, o Supremo Tribunal Federal resolveu qual a verdadeira extensão que deve ser dada ao art. 173, § 1º, da Carta Política, acabando de vez com a controvérsia gerada sobre qual entendimento estaria condizente com a nova ordem Constitucional. As decisões são duas: a primeira, proferida no denominado caso "Telma Leite Morais"[114], e a outra envolvendo a Companhia Paranaense de Energia Elétrica — COPEL[115], as quais se passa a examinar.

---

inseridas, tal como nela estiveram os que os precederam e nela estarão os que irão a sucedê-los nas gerações futuras. Pois bem, é este último interesse que nomeamos de ***interesse do todo ou interesse público***. Este deve ser conceituado como o interesse resultante do conjunto dos interesses que os indivíduos pessoalmente têm quando considerados em sua qualidade de membros da Sociedade e pelo simples fato de os serem."(grifo nosso)
(113) Nesse sentido, FREITAS, Ney José de. *Dispensa de empregado público e o princípio da motivação.* Curitiba: Juruá, 2002. p. 155.
(114) Supremo Tribunal Federal. Mandado de Segurança 21.322-1DF. Relator: Ministro Paulo Brossard, maioria, vencido o Min. Marco Aurélio. Publicado no Diário da Justiça da União de 23.04.1993.
(115) Supremo Tribunal Federal. Recurso extraordinário 130.206, 1ª Turma, Publicado no Diário da Justiça da União de 22.11.91.

O mandado de segurança impetrado por Telma Leite de Morais[116] tinha por objeto anular decisão do Tribunal de Contas da União, que determinou a dispensa dos impetrantes dos quadros da Companhia Docas do Ceará, por terem sido contratados sem concurso público, já na vigência da Constituição Federal de 1988. Foi no julgado acima ementado que o SupremoTribunal Federal pôde examinar acuradamente a melhor interpretação a ser conferida ao art. 173, § 1º, da Constituição Federal de 1988. Do voto do Ministro Paulo Brossard, extraem-se os seguintes ensinamentos:

> *Assim, parece-me que o conceito constitucional de "Administração Pública indireta" abrange as empresas públicas e sociedade de economia mista, sejam elas prestadoras de serviço público ou de atividade econômica de natureza privada.* (grifo nosso)
>
> (...)
>
> Em outras palavras, a sociedade de economia mista vinculada à exploração de natureza econômica não está desobrigada de observar o preceito constitucional que prescreve o concurso público para o provimento dos empregos públicos, mas está a ele sujeita; este entendimento em nada conflita com o disposto no § 1º do artigo 173, da Constituição, que tem outro endereço e outro alcance, nada interferindo com a forma de provimento dos empregos da entidade.

Diante de tal forma de decidir, indene de dúvida é que o tribunal responsável pela interpretação da Constituição impôs à sociedade de economia mista a observância de toda cadeia principiológica constante do art. 37, bem como de outros princípios que se encontrem no Corpo constitucional ou em leis infraconstitucionais, ressalvadas apenas algumas regras específicas, devidamente excepcionadas pela própria Lei Maior. Conclui-se, então, que, se a Constituição quisesse excluir a sociedade de economia mista do dever de motivar seus atos de despedida, o teria feito expressamente.

---

(116) Transcrição da ementa: MANDADO DE SEGURANÇA N. 21322-1 DISTRITO FEDERAL – TRIBUNAL PLENO. **IMPETRANTE: Telma Leite Morais e Outro**; IMPETRADO: Tribunal de Contas da União. (DJ. 23.04.1993). EMENTA: CARGOS E EMPREGOS PÚBLICOS. ADMINISTRAÇÃO PÚBLICA DIRETA, INDIRETA E FUNDACIONAL. ACESSIBILIDADE. CONCURSO PÚBLICO.
A acessibilidade aos cargos públicos a todos os brasileiros, nos termos da Lei e mediante concurso público é princípio constitucional explícito, desde 1934, art. 168.
Embora cronicamente sofismado, mercê de expedientes destinados a iludir a regra, não só foi reafirmado pela Constituição, como ampliado, para alcançar os empregos públicos, art. 37, I e II.
Pela vigente ordem constitucional, em regra, o acesso aos empregos públicos opera-se mediante concurso público, que não pode ser de igual conteúdo, mas há de ser público.
As autarquias, empresas públicas ou sociedades de economia mista estão sujeitas à regra, que envolve a administração direta, indireta ou fundacional, de qualquer dos poderes da União, dos Estados, do Distrito Federal e dos Municípios.
Sociedade de economia mista destinada a explorar atividade econômica está igualmente sujeita a esse princípio, que não colide com o expresso no art. 173, § 1º.
Exceções ao princípio, se existem, estão na própria Constituição.

Colhem-se ainda do mencionado julgado as lições do Ministro Celso de Mello:

> Esse preceito (art. 173) veicula norma de equiparação, que visa deslegitimar qualquer deliberação do Poder Público que, ao conferir privilégio a entidades paraestatais que explorem atividade econômica, importe em tratamento discriminatório incompatível com os postulados constitucionais da livre iniciativa e da livre concorrência entre os diversos agentes econômicos. (...)
>
> Igual orientação é perfilhada, no ponto, por *Manoel Gonçalves Ferreira Filho,* para quem o objetivo da norma equiparadora é o *de impedir tratamento seletivo* que, privilegiando as entidades paraestatais, resulte em prejuízo para as empresas privadas, com inadmissível vulneração ao postulado da liberdade de iniciativa empresarial, que constitui, no quadro normativo delineado pela Carta da República, um dos princípios estruturadores da própria ordem econômica.
>
> *Sendo esse o telos da norma inscrita no art. 173, § 1º, da Carta Política, torna-se clara a impossibilidade de sua pertinente invocação para legitimar, no que concerne as relações internas da entidade paraestatal com seus próprios empregados, a dispensa de prova seletiva pública, de realização sempre necessária, para o efeito específico de composição do seu quadro de pessoal.* (grifo nosso)

O entendimento do Supremo acerca do art. 173 é evitar privilégios e prerrogativas ao Poder Público, quando no exercício de uma atividade econômica, pois, se nesse ponto não fosse equiparado ao particular, estaria violando outra norma constitucional, a que cuida da livre iniciativa (CF, art. 1º, IV e o art. 3º).

Nessa mesma linha, o Ministro Octávio Galloti, presidente, à época, do Supremo Tribunal Federal, assim manifestou-se:

> O art. 37 da Constituição Federal abrange, nos postulados que enumera, não apenas a administração direta, fundacional e autárquica da União, mas também toda a administração indireta, da qual fazem parte — como bem salientou o eminente Relator — segundo a legislação ordinária e pela tradição de nosso Direito Administrativo, as sociedades de economia mista. É o caso da Companhia Docas do Ceará.
>
> A dois, pelo menos, desses postulados do art. 37, a impessoalidade e a moralidade da administração — estão ligados os incisos I e II desse dispositivo, que exigem o concurso público para o provimento dos cargos e não só dos cargos: referem-se, ainda, esses

incisos, expressamente, a cargo e emprego (...) Por outro lado, o art. 173 não ilide, a meu ver, a exigência do concurso. A motivação dessa norma é eliminar a concorrência ruinosa das empresas públicas, com a atividade privada. A realização de um concurso público jamais seria o meio de prejudicar essa competição, mesmo porque as empresas privadas não estão impedidas de realizar processo seletivos que entenderem necessários à admissão de seu pessoal.

A interpretação dada pelo Supremo Tribunal Federal ao art. 173, § 1º, da CF, nos autos do caso Telma Leite de Morais, derruba por terra o entendimento de alguns doutrinadores no sentido de que as empresas estatais, sobretudo de intervenção no domínio econômico, por se filiarem ao regime privatista, estariam excluídas dos deveres de licitar, de promover concurso público, de motivar seus atos, de expedir certidões, ou de observar normas legais sobre limites de despesa com folha de salários. "A essa tese, a Suprema Corte disse não."[117] Ou seja, inexiste previsão legal de possibilidade de despedida imotivada no ordenamento pátrio para sociedade de economia mista. *Contrario sensu*, existe norma específica, Lei n. 9.784/99, que dispõe sobre a necessidade de realização de processo administrativo e a observância do princípio da motivação nos atos praticados pela sociedade de economia mista. Pensamento diverso é violação expressa ao princípio da legalidade.

Quanto ao segundo *decisum* do Supremo Tribunal Federal, que trata da extensão da interpretação do art. 173, § 1º, é esta a dicção da ementa produzida nos autos do recurso extraordinário n. 1302062/210, conhecido como caso COPEL:

> RECURSO EXTRAORDINÁRIO N. 01302062/210 — PRIMEIRA TURMA — RECORRENTE: Companhia Paranaense de Energia — COPEL; RECORRIDO: Carlos Alberto dos Reis Guimarães e Outros.
>
> EMENTA: CONSTITUCIONAL. TRABALHISTA. NULIDADE DE ATO DE DESPEDIDA DE EMPREGADOS DE SOCIEDADE DE ECONOMIA MISTA, POR RAZÕES DE ORDEM POLÍTICO-PARTIDÁRIA. VIOLAÇÃO DO ART. 153, §§ 1º, 5º, 6º E 8º, DA CF/69 (DJU 22.11.91).
>
> Decisão incensurável, por haver-se configurado flagrante violação ao princípio da liberdade de convicção política, constitucionalmente consagrado, ao qual estão especialmente adstritos os entes da Administração Pública. Recurso não conhecido.

---

(117) FREITAS, Ney José de. *Dispensa de empregado público e o princípio da motivação*. Curitiba: Juruá, 2002. p. 154-155.

O processo da COPEL tratava de ato de despedida de empregado sem justa causa, com o pagamento regular de verbas rescisórias, em que o trabalhador alegava a existência de abuso de direito, uma vez que a sua despedida teria ocorrido em face de sua filiação partidária. O ponto nodal da questão envolvia o exame da possibilidade de o empregador estar autorizado ou não a promover despedida imotivada em face do seu poder potestativo.

O Ministro Ilmar Galvão assim firmou seu entendimento no corpo do seu voto, "No caso dos autos, essa assertiva ainda se reforça pela circunstância de ser a recorrente sociedade de economia mista estadual e, consequentemente, ente integrante da Administração Pública, cujos atos, por isso mesmo, hão de orientar-se no sentido do atendimento do interesse público e da observância mais rigorosa dos princípios e normas que integram o sistema jurídico. Não é dado aos administradores das sociedades da espécie sobrepor os próprios interesses ou de facções que representam, aos interesses da empresa e de seus empregados, principalmente ao arrepio de normas constitucionais de proteção às liberdades públicas e em flagrante desvio de finalidade".

No mesmo diapasão, o Ministro Celso de Mello, no julgado há pouco referido, enfatizou: "o caráter potestativo do direito de despedir o empregado não se sobrepõe — não pode sobrepor-se — a quanto prescreve a Lei Fundamental da República no quadro das liberdades do pensamento. A decisão plenária do Tribunal Superior do Trabalho — objeto do presente Recurso Extraordinário — limitou-se a conferir a efetividade a um dos postulados fundamentais de nossa ordem constitucional. Desde que é plena a submissão de todos — das empresas, inclusive — à normatividade plasmada na Constituição, não pode o empregador, especialmente quando assume a forma paraestatal de sociedade de economia mista (que é instrumento de atuação do Poder Público), elastecer o seu arbítrio, a ponto de despedir o seus empregados por motivos hostis e colidentes com o dever de respeito que o ordenamento constitucional impõe a todos, sem exceção, no plano das liberdades do pensamento".

Ora, se o poder postestativo não pode se sobrepor ao que prescreve a Lei Fundamental, resta evidente que tal poder não pode infirmar os princípios constantes no seu art. 37, *caput*, mormente os da legalidade, da moralidade e da impessoalidade[118].

---

(118) Nesse sentido, a jurisprudência "COPEL — SOCIEDADE DE ECONOMIA MISTA — DISPENSA DE SEUS EMPREGADOS CONDICIONADA À NECESSÁRIA MOTIVAÇÃO — A dispensa de servidor público admitido por concurso público, ainda que regido pela CLT, deve, necessariamente, ser motivada (princípio da legalidade — art. 37, II, da CF), sob pena de invalidade. Do contrário, seria o mesmo que admitir a possibilidade de o administrador admitir num dia e dispensar no outro, fraudando, assim, a ordem de classificação dos candidatos" (STF-MS, 21485-DF, Relator Ministro Néri da Silveira). Inteligência da Súmula n. 03 do TRT da 9ª Região (IUJ julgado em 16.04.01).

A impessoalidade consiste na orientação obrigatória que a Administração deve ter quanto ao interesse público, afastadas todas e quaisquer inclinações ou interesses pessoais. Há de ser demonstrada a relação entre a finalidade buscada pelo legislador e os princípios do sistema legal, sob pena de inconstitucionalidade. Admitir-se a possibilidade de demissão sem apresentação dos motivos justificadores do ato de despedida é violação expressa a tal princípio, pois só existe uma forma de aferir-se sobre a legalidade do ato — é examinando-se os seus motivos. Ato de despedida imotivado é nulo de pleno direito.

Nas palavras de *Carlos Ari Sundfeld*, citado pelo juiz *Ney José de Freitas*[119], o Supremo Tribunal Federal, ao resolver o litígio envolvendo a COPEL, enunciou duas normas: a primeira, no sentido de que o exercício abusivo, pelo empregador, do poder de despedir sem justa causa implica nulidade do ato demissório. A segunda proclama que a existência de interesse público é requisito de validade do ato da dispensa; ou seja, é imperioso motivar para que se possa aferir a validade do ato, se ele foi praticado sem desvios ou abusos por parte do administrador.

Os empregados públicos integrantes da Administração direta, autárquica e fundacional, se beneficiários do art. 41 da CF/88, gozam de estabilidade (Súmula 390 do TST), só podendo ser demitidos mediante instauração de processo administrativo previsto na Lei n. 9.784/99.

Mais uma vez buscando legitimação nas palavras do mestre e juiz *Ney José de Freitas*, para abono da tese defendida, mesmo na hipótese de admitir-se a limitação a estabilidade aos ocupantes de cargo de provimento efetivo, ou seja, aos beneficiários do regime estatutário, "remanesce a possibilidade concreta de garantia de emprego, por força da incidência inafastável do princípio da motivação como requisito de validade do ato administrativo de dispensa de empregado público".[120]

Na lição de *Judicael Sudário de Pinho*, citando *Agustín Gordillo*, indene de dúvidas é que os atos praticados pelas sociedades de economia mista – relacionados à vida funcional dos empregados públicos de uma empresa estatal — são, na vigência da Constituição de 1988, atos administrativos, porque, além das exigências constantes da legislação trabalhista, é o Direito Administrativo que lhes governa as condições de válida produção, de sorte que o controle deles se faz à moda do que corresponde aos atos administrativos em geral, inclusive com arguição dos mesmos vícios.[121]

---

(119) FREITAS, Ney José de. *Dispensa de empregado público e o princípio da motivação.* Curitiba: Juruá, 2002. p. 155-156.
(120) *Ibidem*, p. 156.
(121) GORDILLO, 1979 *apud* PINHO, 1999. p. 93.

De outra banda, sendo a administração encarregada de cuidar dos interesses de toda a coletividade, ela não tem sobre esses bens disponibilidade que lhe confira o direito de tratar desigualmente aqueles cujos interesses representa, sobretudo em franca violação à Constituição Federal. Sendo o interesse público indisponível, a consequência é que a todos os administrados devem ser dados tratamentos igualitários.

A rescisão do contrato de trabalho sem motivação é uma anomalia aos princípios do Direito do Trabalho, nos quais a continuidade da relação de emprego é pressuposto básico num Estado Democrático de Direito. De fato, há uma tendência equivocada, completamente contrária aos direitos sociais insertos na Carta Política de 1988, de que a resilição contratual seria perfeitamente permitida, uma vez que o ordenamento brasileiro não traz norma explícita asseguradora da estabilidade.

Ora, tal asserção é por demais primária, pois o termo estabilidade pode ser visto sob duas formas: absoluta e relativa. A última espécie de estabilidade divide-se em própria e imprópria. De uma forma geral, os contratos de trabalho nas empresas estatais não gozam de estabilidade absoluta, no sentido de que só é permitido o desfazimento da relação mediante decisão judicial, precedida do devido processo administrativo. No que se refere às estabilidades impróprias, nas quais podem ser incluídas as abarcadas pelas estatais, são relevantes as colocações feitas pelo juiz *Judicael Sudário de Pinho*[122] acerca dessas relações jurídicas:

> Assim como elas se plasmam no interesse impessoal do homogêneo social, só se podem desfazer em obediência aos mesmos princípios da conveniência pública. E isso tem de ser explicitado em ato formal específico, como requisito de validade do ato administrativo de dispensa. Assim, a despedida dos empregados das empresas estatais

---

[122] Em abono de sua tese, cita passagem retirada da obra *Regime constitucional dos servidores da administração direta e indireta*, de autoria de Celso Antônio Bandeira de Mello, reproduzida: "Posto que não é livre a admissão de pessoal nas entidades de direito privado pertencentes à Administratação indireta, também não irrestritamente livre o desligamento de seus servidores. Embora não disponham da garantia da estabilidade após dois anos, característica do regime de cargo, próprio da administração direta, das autarquias e das fundações públicas, como adiante se verá, não podem ser dispensados ao bel-prazer dos dirigentes destas entidades. Para serem desligados é preciso que haja uma causa de interesse público demonstrável. A razão é óbvia, e não deriva tão-somente do fato de ingressarem por concurso, circunstância que apenas reforça os motivos em seguida expostos. É que as pessoas da Administração indireta são, acima de tudo e especificamente, apenas instrumentos de ação do Estado. São sujeitos concebidos e criados para auxiliarem-no a cumprir as atividades reputadas de interesse da coletividade e não atividades desenvolvidas para satisfação do interesse particular de A, B ou C. Assim, a personalidade de direito privado que se lhes confira corresponde meramente a uma técnica considerada prestante para o adequado desempenho de suas missões, as quais, entretanto, transcendem interesses individuais, particulares. A adoção dessa técnica não significa, pois, que se desnature o caráter essencial delas: a de coadjuvantes do Poder Público, como seres integrantes na totalidade de seu corpo administrativo. Segue-se que tais sujeitos são cumpridores de função."

não poderá, jamais, acontecer com aquele informalismo das contratações comuns. Nesse caso, o contrato de trabalho só poderá ser declarado rompido por força de ato administrativo motivado, com justificação relevante, mediante processo em que se assegure ao empregado a garantia do contraditório e da ampla defesa, de molde a que a sua despedida se sobreleve à fidúcia e à natureza permanente do serviço, como o são aqueles em que o interesse púbico é predominante.[123]

O entendimento ora defendido não exclui a aplicação do art. 173, § 1º, II, da Constituição Federal, significando dizer que se deve procurar a melhor forma de interpretá-lo, sem ferir o mandamento legal do art. 37 da Lei Maior. Daí por que, em respeito aos princípios constitucionais que regem a Administração Pública, assim como às normas específicas do Direito do Trabalho, os empregados das sociedades de economia mista devem ser reintegrados aos seus empregos quando porventura demitidos imotivadamente.

Conclui-se, portanto, que assiste razão aos defensores da tese da motivação dos atos de despedida das sociedades de economia mista, entre os quais se inclui a subscritora da obra, a qual, além de contar com todo o apoio doutrinário citado, dispõe a seu favor do entendimento sedimentado pelo Supremo Tribunal Federal, nos acórdãos STF-TP-MS-21.322-1-DF e Recurso Extraordinário n. 1302062/210, órgão de cúpula responsável pela última palavra sobre as questões constitucionais no Brasil, no sentido de que as sociedades de economia mista estão submetidas às regras e princípios da ordem jurídico-constitucional, razão pela qual devem motivar os atos de despedida de seus empregados.

4.3 Da compatibilização das regras trabalhistas com a motivação dos atos de despedida do empregado público

Com efeito, é importante lembrar que as pessoas jurídicas de direito privado instituídas pelo Poder Público, como é o caso das estatais, que integram a Administração Pública indireta, se colocam num ponto entre as entidades de direito público e as de direito privado instituídas por particulares, congregando características próprias do regime jurídico administrativo e outras de regime jurídico de direito comum.

Em abono desse entendimento, colhem-se os escólios de *Lúcia Valle de Figueiredo*:

---

(123) PINHO, Judicael Sudário de. Da impossibilidade jurídica de livre despedimento de empregados nas empresas estatais na vigência da Constituição Federal de 1988. In: SOARES, Ronald; PINHO, Judicael Sudário de. *Estudos de direito do trabalho e direito processual do trabalho*: homenagem a Aderbal Nunes Freire. São Paulo : LTr, 1999. p. 91-118.

De seu turno, sociedade de economia mista, também autorizada sua criação por lei, é forma de cometimento estatal, para prestação de serviços públicos ou para intervenção no domínio econômico dentro do confinamento constitucional, revestindo-se da forma de sociedade anônima, mas submissa, em boa parte, mercê do art. 37 do Texto constitucional, ao regime jurídico administrativo.[124]

Diante desse fato, considerando que o interesse público indisponível predomina sobre o particular, a adoção pura e simples do regime jurídico privado seria contraproducente, haja vista que subtrairia das entidades da Administração Indireta determinadas prerrogativas que lhes são reconhecidas precisamente para permitir a consecução de seus fins; do mesmo modo que, ao lhes permitir atuar com autonomia de vontade, própria do direito privado, suprimir-se-iam as restrições legais que o direito público impõe e que constituem a garantia fundamental da moralidade administrativa e do respeito ao direito dos administrados. As normas de direito público que derrogam parcialmente o direito privado têm por objetivo assegurar o equilíbrio entre a posição de supremacia da Administração e a liberdade de atuação que caracteriza as pessoas jurídicas de direito privado.

Não obstante possuam personalidade de direito privado, em razão de suas finalidades, tais entes se submetem ao regime jurídico derrogatório do direito público, em seus aspectos essenciais. Significa dizer que se presume a aplicação do direito privado, desde que não haja norma publicística em contrário. Tudo isso ocorre em face da natureza híbrida da sociedade de economia mista.

Vê-se, por conseguinte, que a personalidade jurídica de direito privado não tem o condão de impedir a aplicação de certos princípios e normas ínsitos ao regime jurídico administrativo, cuja inobservância comprometeria objetivos basilares do Estado Democrático de Direito.

Afirma-se: as normas próprias do direito privado não podem servir de amparo para o descumprimento por parte de tais entes dos imperativos principiológicos que regem a Administração Pública, seja na atuação direta, seja na atuação indireta.

Urge salientar que, no tocante aos celetistas contratados pelas pessoas jurídicas com personalidade jurídica de direito público, existem normas asseguratórias de direitos peculiares ao exercício de suas funções, surgindo um regime diferenciado, harmonizando-se normas de Direito do Trabalho

---

(124) FIGUEIREDO, Lúcia Valle de. *Curso de direito administrativo.* 2. ed. São Paulo: Malheiros, 1998. p. 72.

com normas de Direito Administrativo. Tanto isto é verdade que o Tribunal Superior do Trabalho, no tocante aos servidores celetistas da Administração Direta, Autárquica e Fundacional, adotou o entendimento (OJ-SDI-2 n. 22 — cancelada em face da Súmula n. 390 — Publicada em 20.04.2005) de que aos mencionados servidores aplica-se a estabilidade prevista no art. 41 da Constituição Federal.[125] O TST adotou, todavia, entendimento (OJ-SDI-1 ns. 229 e 265 — canceladas em face da nova Súmula n. 390 do TST, publicada em 20.04.2005 — e 247) diverso quanto aos empregados das sociedades de economia mista e das empresas públicas, ao determinar excluí-los da estabilidade do art. 41.[126]

Ademais, pode-se mencionar o fato de que, na esfera federal, o regime de emprego público do pessoal da Administração Direta, Autárquica e Fundacional está disciplinado pela Lei n. 9.962, de 22.02.2000, que discrimina as hipóteses de rescisão do referido contrato de trabalho. O surgimento de hipóteses de rescisões vinculadas (art. 3º, da Lei n. 9.962/2000)[127], nas quais o administrador não pode olvidar os princípios ínsitos ao regime jurídico administrativo, sob pena de ser determinada a reintegração do servidor celetista, vem corroborar o fato de que se faz necessária urgente mudança por parte dos operadores do Direito quanto a espancar de vez interpretações impróprias do art. 173, § 1º, II, da CF, no tocante aos empregados das empresas estatais, especificamente quanto às exploradoras de atividades econômicas.

---

(125) Orientação Jurisprudencial da SDI-2 (TST) n. 22: Ação Rescisória. Estabilidade. Art. 41, CF/88.Celetista. Administração Direta, autárquica ou fundacional. Aplicabilidade. O servidor público celetista da administração direta, autárquica ou fundacional é beneficiário da estabilidade prevista no art. 41 da Constituição Federal.
(126) Orientação Jurisprudencial da SDI-1 (TST) n. 229: Estabilidade. Art. 41, CF/88. Celetista. Empresa pública e sociedade de economia mista. Inaplicável. Orientação Jurisprudencial da SDI I (TST) n. 247 — Servidor Público. Celetista concursado. Despedida Imotivada. Empresa Pública ou Sociedade de Economia Mista. Possibilidade.
Súmula TST N. 390. ESTABILIDADE. ART. 41 DA CF/1988. CELETISTA. ADMINISTRAÇÃO DIRETA, AUTÁRQUICA OU FUNDACIONAL. APLICABILIDADE. EMPREGADO DE EMPRESA PÚBLICA E SOCIEDADE DE ECONOMIA MISTA. INAPLICÁVEL. (conversão das Orientações Jurisprudenciais ns. 229 e 265 da SDI-1 e da Orientação Jurisprudencial n. 22 da SDI-2) — Res. 129/2005 — DJ 20.04.2005 I — O servidor público celetista da administração direta, autárquica ou fundacional é beneficiário da estabilidade prevista no art. 41 da CF/1988. (ex-OJ n. 265 da SDI-1 — Inserida em 27.09.2002 e ex-OJ n. 22 da SDI-2 — Inserida em 20.09.00); II — Ao empregado de empresa pública ou de sociedade de economia mista, ainda que admitido mediante aprovação em concurso público, não é garantida a estabilidade prevista no art. 41 da CF/1988. (ex-OJ n. 229 — Inserida em 20.06.2001) — Publicada no DJ de 20.04.2005).
(127) Lei n. 9.962/2000 (...) Art. 3º O contrato de trabalho por prazo indeterminado somente será rescindido por ato unilateral da Administração Pública nas seguintes hipóteses: I — prática de falta grave, dentre as enumeradas no art. 482 da Consolidação das Leis do Trabalho — CLT; II — acumulação ilegal de cargos, empregos ou funções públicas; III — necessidade de redução de quadro de pessoal, por excesso de despesa, nos termos da lei complementar a que se refere o art. 169 da Constituição Federal; IV — insuficiência de desempenho, apurada em procedimento no qual se assegurem pelo menos um recurso hierárquico dotado de efeito suspensivo, que será apreciado em trinta dias, e o prévio conhecimento dos padrões mínimos exigidos para continuidade da relação de emprego, obrigatoriamente estabelecidos de acordo com as peculiaridades das atividades exercidas.

Interpretações equivocadas do artigo retromencionado levam à afirmação de que a contratação sob regime celetista situa as empresas estatais em plena equiparação, em todos os direitos e obrigações, ao empregador particular, excluindo-se a utilização de princípios do regime jurídico administrativo.

Consoante já demonstrado, e ora se repete, o art. 173, § 1º, II, da Constituição, jamais poderá ser interpretado como um dispositivo que transforme as sociedades de economia mista e empresas públicas em sociedades mercantis comuns. O espírito do referido preceptivo é unicamente o de evitar que na sua atuação as estatais se deparem com óbices capazes de impedir a consecução de seus fins (que poderiam ser satisfatoriamente realizados por uma pessoa privada comum), ou de que usufruam de prerrogativas ou vantagens extraordinárias inaceitáveis dentro dos princípios da ordem privada (que são próprios das pessoas de direito público, ou das pessoas submetidas à sua regência em suas atividades). O seu objetivo é o de estabelecer a equivalência de atuação entre pessoas estatais e pessoas privadas comuns, e não a igualdade absoluta de regimes ou a identidade jurídica entre seres de direitos diferenciados.

É fato que a Lei Maior determina, peremptoriamente, a obediência de todos os entes componentes da organização administrativa, seja da Administração direta ou da indireta, aos princípios constitucionais mencionados no art. 37. E, por força de que deve o Direito ser interpretado não de modo a que a ordem legal envolva um absurdo, prescreva inconveniências, levando a conclusões inconsistentes ou impossíveis, numa interpretação lógica-teleógica-sistemática dos dispositivos constitucionais envolvidos (CF, arts. 37 e 173, §1º, II), urge sejam aplicados os preceitos do regime jurídico de Direito Administrativo, em especial de sua construção principiológica, para as relações laborais das empresas estatais.

Em face do exposto, no tocante aos empregados públicos, o regime trabalhista apresenta temperamentos constantes do regime jurídico administrativo, conferindo-lhe uma conformação *sui generis*, em consonância com os princípios constitucionais administrativos.

Apesar da lógica e do peso dos argumentos ora expendidos, alguns julgados dos tribunais trabalhistas, acompanhando as Orientações Jurisprudenciais ns. 229 (convertida na Súmula do TST n. 390) e 247, da Seção de Dissídios Individuais do TST[128], admitem indiscriminadamente a dispensa "imotivada"

---

(128) Orientação Jurisprudencial da SDI I (TST) n. 247 — Servidor Público. Celetista concursado. Despedida Imotivada. Empresa Pública ou Sociedade de Economia Mista. Possibilidade.

nessas empresas, sufragando em um "suposto" direito potestativo de que estaria investido o administrador.

Percebe-se que o entendimento se baseia em uma interpretação reducionista, meramente literal, do art. 173, §1º, II da Constituição Federal, às distorções que podem advir de interpretações que desrespeitam por completo as normas principiológicas com sede na Constituição Federal, o que traz prejuízos incalculáveis ao empregado público e ao serviço público no exercício da função administrativa.

Com efeito, apesar da sujeição às normas da legislação trabalhista, não há como excluir os empregados públicos, sejam de entidades de direito público ou de direito privado, da seara de aplicação dos postulados orientadores da atuação da Administração Pública. Igualmente, comunga desse entendimento o juiz do trabalho *Sérgio Torres Teixeira*, ao afirmar que a Administração Pública, mesmo ao "abdicar" dos privilégios decorrentes do seu poder de império no tocante às suas relações de trabalho, a entidade integrante da Administração Pública que adota o regime "celetista", e, portanto, assume a posição de empregador público, não se exime da sujeição aos princípios positivados pelo legislador constituinte no artigo 37 da Carta Política de 1988. Continuam a ser, mesmo em face das suas relações laborais de cunho privatístico, entes que compõem a Administração Pública Direta ou Indireta. E, como consequência, sujeitam-se às diretrizes orientadoras da atuação do administrador público.[129]

Com efeito, a despedida imotivada situa os empregados públicos completamente vulneráveis aos desmandos e abusos de seus "superiores". Tal situação é absolutamente inadmissível no âmbito da Administração Pública, regida por todos os princípios do art. 37, *caput,* da CF.

A contratação de empregados no âmbito da sociedade de economia mista, sempre precedida de concurso público, denota o atendimento a um interesse público específico. Por via de consequência, *contrario sensu,* a dispensa de empregados públicos deverá ser pautada em interesse público, sob pena de ofensa irretorquível ao princípio da impessoalidade e da finalidade.

Não pode o administrador de plantão praticar atos ao seu livre arbítrio, sem estabelecer critérios para tanto. Consoante já expresso, não é a vontade de um agente que conduz à atividade administrativa, mas a finalidade pública.

---

(129) TEIXEIRA, Sérgio Torres. *Proteção à relação de emprego.* São Paulo: LTr, 1998. p. 326.

Impõe-se imprescindível, portanto, a pré-estipulação de critérios objetivos para rescisão dos contratos laborais, para o fim de coibir favoritismo e perseguições de outros. Entendimento contrário é violação ao princípio da impessoalidade.

Por se compadecer ao caso, toma-se de empréstimo trecho do parecer da pena de Obi Damasceno, consultor da União, cuja ementa e parte do teor transcrevem-se:

> Ementa: Ilegalidade da Portaria n. 306, de 30.09.1980. Servidor admitido por concurso, conquanto regido pela Consolidação das Leis do Trabalho, não pode ser dispensado discricionariamente, sem motivação. Ato nulo, a configurar abuso de poder. Reintegração do interessado no emprego. A dispensa de emprego, como todo ato administrativo, há de ser motivada ainda que se cuide de relação regida pela CLT, implicando sua falta, sem dúvida, invalidade do ato, até mesmo por se configurar, na hipótese, abuso de poder. No âmbito da Administração Pública, ao contrário do que se verifica na atividade privada, não é admissível venha a autoridade ao seu talante rescindir sem causa contrato de trabalho, máxime considerando tratar-se de servidor admitido por concurso e detentor em seus assentamentos de boas referências funcionais como consta do processo.[130]

Considerando que a validade do ato da dispensa reside na determinação do interesse público, em que hão de prevalecer os princípios sobre as regras privadas, em uma perfeita derrogação autorizada pela Constituição Federal, é forçoso reconhecer que o ato estará eivado de nulidade insanável, caso não expresse os motivos que serviram de substrato para sua prática.

A submissão, ao Direito do Trabalho, dos empregados da sociedade de economia mista, não é incompatível com a sujeição dos ditames do art. 37, *caput*, da *Lex Fundamentalis*. Efetivamente, o art. 173, § 1º, II, do Texto constitucional apenas define o regime jurídico laboral de tais entidades, nivelando-as às empresas privadas. De forma alguma, excepciona a aplicação dos princípios norteadores da Administração Pública. As sujeições do art. 173 estão em harmonia com as imposições do art. 37. Este dispositivo estabelece as diretrizes genéricas que a sociedade de economia mista deve seguir como entidade integrante da Administração Pública indireta, inclusive no tocante à sua atuação como empregador público; o art. 173

---

(130) FREITAS, Ney José de. *Dispensa de empregado público e o princípio da motivação*. Curitiba: Juruá, 2002. p. 135.

cuida do regime disciplinador dessas relações laborais. Um não exclui o outro; pelo contrário, complementam-se.[131]

Em conclusão, a validade do ato da dispensa do empregado público também se condiciona à motivação, cuja compatibilização com o Direito do Trabalho restou demonstrada. Nesse sentido, passa-se, agora, a apresentar as conclusões postas sobre o tema proposto.

---

(131) FREITAS, Ney José de. *Dispensa de empregado público e o princípio da motivação*. Curitiba: Juruá, 2002. p. 331.

5. CONCLUSÃO

O presente trabalho teve por objetivo traçar o regime jurídico aplicável aos empregados públicos e às estatais, que no caso é o híbrido, para em seguida demonstrar que o devido processo legal passou a adquirir duplo significado, em primeiro lugar como legitimador da atuação do Estado, não apenas no aspecto jurisdicional, mas também administrativo, e, por outro lado, como uma resposta negativa à possibilidade de retorno do regime vivenciado, a ditadura; demonstrando o legislador, pela Lei n. 9.784/99, a intenção de prover a Nação de um sistema eficiente de proteção contra a promoção de atos contrários aos princípios fundamentadores de um Estado Democrático de Direito. Ao final, restam demonstradas a necessidade de processo administrativo e, consequentemente, a necessária motivação nos atos de despedida de empregados públicos das empresas estatais.

A bem da verdade, sobrou afirmado que a incidência inafastável do princípio da motivação corresponde à concretização do controle da finalidade e transparência dos atos administrativos. A exigência do devido processo legal, porém, não se esgota nessa mera exposição das razões, pois, consoante afirmado no presente relatório, deve-se conjugar o processo administrativo com o princípio da motivação, uma vez que os dois se revelam como garantias de efetivação do próprio Estado Democrático de Direito.

Urge ser possibilitado ao empregado impugnar as razões apresentadas no âmbito da Administração, mediante processo administrativo no qual se assegurariam a ampla defesa e o contraditório.

A submissão ao processo administrativo encontra-se instalada na própria Constituição Federal, o que não autoriza interpretação restritiva, por se tratar de direito fundamental. Deve ser compreendida com a maior extensão e razoabilidade possíveis, em prol de um exercício legítimo do poder estatal. Olvidar tal processo eivaria o ato da dispensa de nulidade insanável, ensejando a reintegração do empregado alijado de seus direitos.

A propósito dos métodos tradicionais de interpretação jurídica, restou afirmado que brotam métodos modernos, dentre os quais se sobressai o *lógico-sistemático*, voltado, como os demais, "primeiro para o espírito do que para a letra das leis"[132]. A interpretação lógica somada à interpretação

---

(132) BONAVIDES, Paulo. *Curso de direito constitucional*. São Paulo: Malheiros, 1993. p. 363.

sistemática dá origem a um método muito mais eficiente para descobrir a *ratio legis*. "Por esse método, toda norma jurídica pertence a um sistema, do qual não pode ser ilhada, sob pena de não se manter a coerência."[133] Assim, considera-se que não só o sistema informa uma norma como também uma norma informa todo o sistema. É dizer: o significado preciso da norma somente é desvendado com o emprego dos elementos lógicos disponíveis e dos princípios, os mais gerais e abstratos do sistema.

Tanto a Constituição como as leis em geral são normas reguladoras de condutas, emanadas do Poder Estatal, e, por essa razão, dotadas de coercibilidade. A norma constitucional, entretanto, possui certas peculiaridades, relacionadas com a sua forma, o seu conteúdo e a sua estrutura lógica, o que a distingue das demais normas, surgindo daí a necessidade de métodos e princípios específicos para a sua interpretação, além dos métodos comuns utilizados na interpretação das leis em geral. Segundo *José Joaquim Gomes Canotilho*, "... o Direito Constitucional é uma ciência normativa, que não pode abdicar de uma metodologia e metódicas específicas, essencialmente dirigidas ao processo de concretização e aplicação das normas constitucionais (...)"[134]. É por isso que o método lógico-sistemático trata-se de técnica compatível com os propósitos relativos à apreensão do conteúdo, do sentido, da determinabilidade conceitual, das fórmulas gerais e elásticas, breves e esquemáticas, próprias das estruturas constitucionais. Principalmente nos textos constitucionais amplos, cuja extensão denuncia o dirigismo do legislador constituinte, a regulação dos dispositivos faz-se de modo incompleto e, até, fragmentário, pois as diretivas fixam fins e programas a serem cumpridos, pelo que convém, em certos momentos, a adoção da técnica lógico-sistemática.

Nas constituições dirigentes, como a Constituição Brasileira de 05 de outubro de 1988, destaca-se o método lógico-sistemático para a atividade interpretativa desenvolver-se em bases aceitáveis. Uma Constituição não constitui um conglomerado aleatório de artigos, incisos, alíneas e parágrafos, desconectados entre si. Ao revés, apresenta-se de modo coordenado, em feixes orgânicos, procurando formar uma unidade de sentido. Os seus elementos mantêm um vínculo de inter-relação e interdependência, no qual tudo o mais se coloca *sub specie* do mesmo conjunto.

Volta à discussão, a título de conclusão, nesta oportunidade, a velha e tormentosa questão sobre a diferença existente, no âmbito do superconceito *norma*, entre regras e princípios. De fato, trata-se de uma tarefa particularmente complexa. Ainda que assim seja, a oportunidade comporta uma tentativa de explicação do assunto.

---

(133) HECK, Luís Afonso. Hermenêutica da Constituição econômica. In: *Revista de Informação Legislativa*, Brasília, v. 29, n. 113, jan./mar. 1992.
(134) CANOTILHO, José Joaquim Gomes. *Direito constitucional*. 5. ed. Coimbra: Almedina, 1992. p. 53.

Deixe-se claro, por primeiro, que as regras e princípios são duas espécies de normas, e, portanto, a distinção entre regras e princípios não passa de uma distinção entre duas espécies de normas. Vários são os critérios sugeridos pela doutrina constitucional para se fazer essa distinção: o grau de abstração, o grau de determinabilidade na aplicação ao caso concreto, o caráter de fundamentalidade no sistema das fontes de direito, a "proximidade" da ideia de direito, a natureza normogenética etc. Qualquer que seja o critério utilizado, interessa, sobretudo, a ideia de que os princípios, na sua qualidade de verdadeiras normas, são qualitativamente distintos das outras categorias normativas, as chamadas regras jurídicas.

Para *J. J. Gomes Canotilho*, essas diferenças qualitativas se traduzem, fundamentalmente, nos seguintes aspectos: "(1) os princípios são normas jurídicas impositivas de uma optimização, compatíveis com vários graus de concretização, consoante os condicionalismos fáticos e jurídicos; as regras são normas que prescrevem imperativamente uma exigência (impõem, permitem ou proíbem) que é ou não cumprida (nos termos de Dworkin: *applicable in all-or-nothing fashion*); a convivência dos princípios é conflitual (Zagrebelsky); a convivência das regras é antinômica. Os princípios coexistem; as regras antinômicas excluem-se; (2) consequentemente, os princípios, ao constituírem exigências de optimização, permitem o balanceamento de valores e interesses (não obedecem, como as regras, à 'lógica do tudo ou nada'), consoante o seu peso e a ponderação de outros princípios eventualmente conflituantes; as regras não deixam espaço para qualquer outra solução, pois se uma regra vale (tem validade) deve cumprir-se na exacta medida das suas prescrições, nem mais nem menos; (3) em caso de conflito entre princípios, estes podem ser objecto de ponderação, de harmonização, pois eles contêm apenas 'exigências' ou 'standards' que, em 'primeira linha' (*prima facie*), devem ser realizados; as regras contêm 'fixações normativas' definitivas, sendo insustentável a validade simultânea de regras contraditórias; (4) os princípios suscitam problemas de validade e peso (importância, ponderação, valia); as regras colocam apenas questões de validade (se elas não são correctas devem ser alteradas)".[135]

Outro, aliás, não é o entendimento de *Celso Antônio Bandeira de Mello*. A propósito do conceito de princípio, assim diz ele: "Princípio — já averbamos alhures — é, por definição, mandamento nuclear de um sistema, verdadeiro alicerce dele, disposição fundamental que se irradia sobre diferentes normas compondo-lhes o espírito e servindo de critério para sua exata compreensão e inteligência, exatamente por definir a lógica e a racionalidade do sistema normativo, no que lhe confere a tônica e lhe dá sentido harmônico. É o conhecimento dos princípios que preside a intelecção das diferentes partes

---

(135) CANOTILHO, José Joaquim Gomes. *Direito constitucional*. 5. ed. Coimbra: Almedina, 1992. p. 53 e 173-174.

componentes do todo unitário que há por nome sistema jurídico positivo. Violar um princípio é muito mais grave que transgredir uma norma. A desatenção ao princípio implica ofensa não apenas a um específico mandamento obrigatório mas a todo o sistema de comandos. É a mais grave forma de ilegalidade ou inconstitucionalidade, conforme o escalão do princípio atingido, porque representa insurgência contra todo o sistema, subversão de seus valores fundamentais, contumélia irreversível a seu arcabouço lógico e corrosão de sua estrutura mestra. Isto porque, com ofendê-lo, abatem-se as vigas que o sustém e alui-se toda a estrutura neles esforçada".[136]

O princípio constitui, pois, em virtude de sua grande generalidade, regra básica e preeminente, vinculadora da interpretação e aplicabilidade de outras normas jurídicas, inclusive constitucionais. Funciona como os alicerces e as vigas mestras do grande edifício que é o ordenamento brasileiro. Qualquer dispositivo da Constituição, qualquer que seja a norma jurídica, de natureza constitucional ou infraconstitucional, haverá de ser interpretada de acordo com tais princípios, que se prestam a ser vetores para soluções interpretativas.

Para *Willis Santiago Guerra Filho*, professor da Faculdade de Direito da Universidade Federal do Ceará, a questão se coloca assim: "Regras e princípios distinguem-se: a) quanto à sua estrutura lógica e deontológica, pela circunstância de as primeiras vincularem a fatos hipotéticos ('*tatbestande*') específicos, um determinado funtor ou operador normativo ('proibido', 'obrigatório', 'permitido'), enquanto aqueles outros — os princípios — não se reportam a qualquer fato particular, e transmitem uma prescrição programática genérica, para ser realizada na medida do jurídico e faticamente possível. Dessa diferença estrutural básica decorrem inúmeras outras, como: b) quanto à técnica de aplicação, já que os princípios normalmente colidem entre si, diante de casos concretos, o que leva ao chamado 'sopesamento' (*Abwagung*), para aplicar o mais adequado, ao passo que regras, uma vez aceita a subsunção a elas de certos fatos, inevitavelmente decorrem as conseqüências jurídicas nelas previstas, a não ser que elas não sejam válidas, por conflitarem com outras de um grau superior, quando então, ao contrário do que se dá com princípios, que apesar de contraditórios não deixam de integrar a ordem jurídica, a regra de grau inferior é derrogada. É certo que pode haver um dissenso com relação à subsunção dos fatos à hipótese legal, existindo mecanismos institucionais que garantem (e impõem) a chegada de um consenso, de forma racional, por explicitarem um procedimento a ser adotado, no qual se abre a oportunidade para a demonstração dos fatos e apresentação dos argumentos e interpretações divergentes".[137]

---

(136) MELLO, Celso Antônio Bandeira de. *Elementos de direito administrativo*. São Paulo: Revista dos Tribunais, 1990. p. 299-300.
(137) GUERRA FILHO, Willis Santiago. *Ensaios de teoria constitucional*. Fortaleza: Imprensa Universitária da Universidade Federal do Ceará, 1989. p. 47.

Os princípios são, pois, o resultado de um consenso em torno da adoção de certos valores, cujo conflito só poderá vir a ser democraticamente resolvido com a garantia do dissenso, do debate sobre eles, na instância competente do Poder Público. É exatamente em razão da importância de que se reveste o conceito de princípios que, nos últimos tempos, tem-se salientado bastante a distinção entre normas jurídicas formuladas como regras e aquelas que assumem a forma de um princípio. As primeiras possuem a estrutura lógica que tradicionalmente se atribui às normas de direito, com a descrição (ou "tipificação") de um fato, ao que se acrescenta a sua qualificação prescritiva, amparada em uma sanção (ou na ausência dela, no caso da qualificação como "fato permitido"). Já os princípios, igualmente dotados de validade positiva e de um modo geral estabelecidos na Constituição, não se reportam a um fato específico, podendo-se precisar com facilidade a sua ocorrência, extraindo a consequência normativamente prevista. Eles devem ser entendidos como indicadores de opção pelo favorecimento de determinado valor, a ser levada em conta na apreciação jurídica de uma infinidade de fatos e situações possíveis, juntamente com tantas outras opções dessas, outros princípios igualmente adotados, que em determinado caso concreto se podem conflitar uns com os outros, quando já não são mesmo *in abstracto* conflituantes entre si.

As considerações até aqui apresentadas têm o objetivo de demonstrar que o art. 37 da Constituição Federal de 1988 veicula princípios constitucionais atinentes à Administração Pública Direta, Indireta e Fundacional, enquanto a norma constante do art. 173, § 1º, inciso II, da mesma Constituição Federal de 1988, é apenas uma regra jurídica, que, na sua interpretação, deve ser objeto do influxo dos princípios constitucionais da Administração Pública, uma vez que se trata de norma que diz respeito às empresas públicas e às sociedades de economia mista, entidades integrantes, por definição, da administração pública indireta. No confronto entre uma e outra, deve prevalecer a primeira, de vez que a última é — repete-se — não mais do que uma regra jurídica, sem qualquer força vinculativa quando em choque com a principiologia constitucional brasileira.

E assim é porque um dos princípios fundamentais da interpretação constitucional é o *princípio da unidade da Constituição,* segundo o qual as normas constitucionais devem ser interpretadas em conjunto, para evitar possíveis contradições com outras normas da própria Constituição[138]. Certamente os princípios valorizados pelo legislador constituinte funcionam como vetores para as soluções interpretativas das normas constitucionais. Não se desconhece o fato de que todas as normas inseridas no Texto

---

(138) Nessa linha de raciocínio, foi que Konrad Hesse, In: *Escritos de derecho constitucional* (trad. de Pedro Cruz Villalon. 2. ed. Madrid: Centro de Estudios Constitucionales, 1992) entendeu a importância dos princípios para a interpretação constitucional, destacando o da unidade da Constituição.

Constitucional apresentam o mesmo nível hierárquico, é dizer, uma vez inseridas na Constituição, as normas têm o mesmo valor, independentemente de seu conteúdo, ou seja, de ser norma constitucional formal ou material. O fato de reconhecer, afirmar e aceitar, porém, que todas as normas do Texto constitucional apresentam o mesmo nível hierárquico não significa dizer que a Constituição é um conglomerado caótico e desestruturado de normas que guardam entre si o mesmo grau de importância. Como se disse antes, no Direito em geral, e na Constituição em particular, existem duas modalidades distintas de normas: as normas-princípios e as normas-regras. Dessa forma, é imprescindível que o intérprete procure as recíprocas implicações de princípios e regras até chegar à vontade unitária da Constituição, evitando-se contradições, antinomias e antagonismos aparentemente existentes entre suas normas.

"O princípio da unidade da Constituição obriga o intérprete a considerar a Constituição na sua globalidade e a procurar harmonizar os espaços de tensão existentes entre as normas constitucionais a concretizar."[139] Seguindo este princípio, o intérprete estará orientado a considerar cada norma não como elemento isolado ou disperso, mas integrante de um todo harmônico e orgânico, um sistema unitário de regras e princípios.

Por outro lado, "a interpretação de uma norma constitucional levará em conta todo o sistema, tal como positivado, dando-se ênfase, porém, para os princípios que foram valorizados pelo Constituinte".[140] Isso porque os princípios são verdadeiras bases do sistema jurídico constitucional, conforme já se afirmou. Em outras palavras, são disposições fundamentais que se difundem sobre diferentes normas, compondo-lhes o espírito e servindo de critérios para a descoberta de seu verdadeiro significado.

Também não se pode esquecer de que, na resolução de problemas jurídico-constitucionais, deve-se dar prioridade às interpretações ou pontos de vista que favoreçam a integração política e social e possibilitem o reforço da unidade política. Partindo de conflitos entre normas constitucionais, a interpretação deve conduzir a soluções pluralisticamente integradoras, para seguir a lição de mestre do Professor *Paulo Bonavides*[141]. Uma Constituição deve ser interpretada de modo a tornar efetivos os seus princípios políticos fundamentais, pois tais princípios configuram-se nas escolhas primeiras, fundamentais, feitas pelo legislador constituinte, e, como tais, precisam ser respeitados, sob pena de a Constituição perder o seu valor jurídico.

Como arremate de todas essas ideias aqui expostas, buscam-se novamente os ensinamentos de *Konrad Hesse*, para quem a atividade de concretizar a

---

(139) BASTOS, Celso Ribeiro. *Curso de direito constitucional.* 19. ed. São Paulo: Saraiva, 1992. p. 99.
(140) TEMER, Michel. *Elementos de direito constitucional.* 9. ed. São Paulo: Malheiros, 1992. p. 24.
(141) BONAVIDES, Paulo. *Curso de direito constitucional.* 9. ed. São Paulo: Malheiros, 1992. p. 435.

Constituição "... impõe ao intérprete a coordenação e combinação dos bens jurídicos em conflito ou em concorrência, de forma a evitar o sacrifício total de uns em relação aos outros"[142]. Fundamenta-se o autor na ideia de que não há diferença hierárquica ou de valor entre os bens constitucionais. Por isso, a interpretação não pode ter como resultado o sacrifício de um bem constitucional em detrimento de outros. Deve-se, nessa tarefa, estabelecer os limites e condicionamentos recíprocos, de modo a se conseguir uma harmonização ou concordância prática entre os bens constitucionais.

Por estas e fundamentais razões é que entende a autora não ser possível afirmar-se que deve ser aplicado, isoladamente, o art. 173, § 1º, inciso II, da Constituição Federal de 1988, para autorizar a rescisão imotivada do contrato de trabalho de empregado com relação jurídica regida pela Consolidação das Leis do Trabalho[143], em completo desconhecimento do art. 37 da mesma Carta Política, instituidor de toda a principiologia a ser seguida pela Administração Pública brasileira, inclusive as empresas públicas e as sociedades de economia mista, integrantes, por definição constitucional e também legal, da Administração Pública Indireta.

Parece evidente a impossibilidade de as empresas estatais, em razão das suas naturezas jurídicas mesmas, promoverem demissões imotivadas. Ora, a doutrina assentou, de maneira quase uníssona, que integram a Administração Pública Indireta as empresas públicas e as sociedades de economia mista que prestem serviços públicos ou atividade econômica, esta de natureza privada, segundo a inteligência dos arts. 37, 173 e 175 da Constituição Federal de 1988. Daí ser fácil concluir que o acesso ao serviço público, seja para regulação pelo regime jurídico único, de natureza administrativa estatutária, seja mediante o regime previsto pela Consolidação das Leis do Trabalho, somente é possível e constitucional por via do necessário e imprescindível concurso público.

É de ser notado que a única distinção, no sentir da autora, foi a exclusão dos servidores da Administração Indireta do regime único previsto no originário art. 39, da Carta Magna. A respeito da matéria, o Supremo Tribunal Federal pronunciou-se nesse sentido, conforme estampa a decisão publicada em 23.04.1993, no Diário de Justiça da União, p. 6.921, nos acórdãos do Mandado de Segurança n. 21322-1-DF e Recurso Extraordinário n. 1302062/210, estes dois últimos dissecados no corpo do presente relatório (anexo inteiro teor).

As empresas estatais brasileiras, que somente podem admitir trabalhadores ou servidores, pouco importa aqui a terminologia, mediante concurso público, no entender da autora, perderam, pelas mesmas razões pelas quais a Constituição as obrigou a esta forma de admissão, o poder

---

(142) HESSE, Konrad. *Escritos de derecho constitucional.* 2. ed. Madri: Centro de Estudios Constitucionales, 1999.
(143) Decreto-Lei n. 5.452, de 1º de maio de 1943 (DOU de 09.08.1943).

potestativo de demissão desfundamentada. Se assim não for, a toda evidência, os desmandos que a Constituição Federal de 1988 pretendeu estancar persistiriam com a demissão desmotivada pautada por critérios de simpatia ou políticos, além, à evidência, de outros.

Na Administração Pública, não há liberdade nem vontade pessoal. Enquanto na administração particular é lícito fazer tudo o que a lei não proíbe, na Administração Pública, só é permitido fazer o que a lei autoriza. A lei, para o particular, significa poder fazer assim. Para o administrador público, significa dever fazer assim. Não basta, pois, a simples vontade. A observância da estrita legalidade e da motivação do ato se impõe, conforme ensina *Celso Antônio Bandeira de Mello*: "Deve-se considerar, também, como postulado pelo princípio da legalidade o princípio da motivação, isto é, o que impõe à Administração Pública o dever de expor as razões de direito e de fato pelas quais tomou a providência adotada. Cumpre-lhe fundamentar o ato que haja praticado, justificando as razões que lhe serviram de apoio para expedi-lo. Isto porque, sobretudo dispõe de certa liberdade (discricionariedade administrativa) para praticar o ato tal ou qual, não haveria como saber-se se o comportamento que tomou atendeu ou não ao princípio da legalidade, se foi diferente com a finalidade normativa, se obedeceu à razoabilidade e à proporcionalidade, a menos que enuncie as razões em que se embasou para agir como agiu. São elas que permitirão avaliar a consonância ou dissonância com tais princípios. Donde, a ausência de motivação faz o ato inválido, sempre que sua enunciação, prévia ou contemporânea à emissão do ato, seja requisito indispensável para proceder-se a tal averiguação. É que, em inúmeras hipóteses, de nada adiantaria que a Administração aduzisse depois de produzido ou impugnado o ato, porquanto não se poderia ter certeza de que as razões tardiamente alegadas existiam efetivamente ou haviam sido tomadas em conta quando de sua emanação".[144]

A motivação do ato administrativo é que valida e até legaliza a conduta do administrador. Sem ela, torna-se impossível ao Poder Judiciário promover o controle do ato administrativo pelo exame de sua legalidade, entendendo-se como legalidade não só a conformação do ato com a lei, mas também com a moral administrativa e com o interesse coletivo. Não fosse assim, imperaria também a violentação ao princípio da impessoalidade, passando a presidir o ato a vontade unilateral do administrador, como bem revelam vários casos registrados na literatura jurídica brasileira.

Nessa linha, como não poderia ser diferente, o legislador constituinte brasileiro de 1988 inclui como direito fundamental a cláusula do devido processo legal.

---

(144) MELLO, Celso Antônio Bandeira de. *Curso de direito administrativo*. 4. ed. São Paulo: Malheiros, 1993. p. 28.

Como forma de conclusão, vale repetir que qualquer pretensão de conceituar o *devido processo legal* deverá levar em consideração sua origem, que remonta, como já noticiado, aos reinados de Henry I (1100 a 1135) e Henry II (1154 a 1189), culminando com a assinatura da Magna Carta pelo Rei João Sem Terra (John Lackland — 1199 a 1216), que sucedeu ao seu irmão Ricardo Coração de Leão (Richard the Lion Heart — 1189 a 1199).[145]

Como adiantado linhas atrás, a origem do devido processo legal confundiu-se com a própria *Common Law*. O conceito depois evoluiu como modo de contenção do chefe de governo, visando a evitar o cometimento de arbitrariedades, como retirar do membro da comunidade seu direito à vida, liberdade ou propriedade.

Abraham e *Perry* nos fornecem noção mais ampla e refinada, ao dizerem: "O conceito do devido processo legal e sua aplicação aos nossos governos estadual e federal é baseado em um extensivo reservatório de limitações constitucionais expressas e implícitas sobre a autoridade governamental, fundamentalmente determinado pelo processo judiciário, sobre as noções básicas de lisura e decência que governam, ou devem governar, o relacionamento entre legislador e legislado."[146]

Adhemar Maciel, reconhecendo a dificuldade de se definir o devido processo legal, informa que *Thomas Cooley* procurou dar uma ideia do leque de proteção do instituto: "O termo devido processo legal é usado para explicar e expandir os termos vida, liberdade e propriedade e para proteger a liberdade e a propriedade contra legislação opressiva ou não razoável, para garantir ao indivíduo o direito de fazer de seus pertences o que bem entender, desde que seu uso e ações não sejam lesivos aos outros como um todo".[147]

A bem da verdade, por longo tempo, o direito ianque apenas conheceu o devido processo legal procedimental, talvez por influência da *Common Law*, inspirada, por sua vez, na Magna Carta, e, também, no pronunciamento autorizado de Hamilton. De acordo com esse imbatível defensor da nova ordem política federalista, o devido processo legal, na intenção dos elaboradores da Constituição dos Estados Unidos da América de 1787, deveria ser apenas procedimental.

A conceituação procedimental do devido processo, por estar amalgamada no direito há longos anos, não oferece maior dificuldade de entendimento. O devido processo legal procedimental refere-se à maneira pela qual a lei, o regulamento, o ato administrativo ou a ordem judicial são executados. Verifica-se apenas se o procedimento empregado por aqueles que estão incumbidos

---

(145) WRIGHT, Louis. *Magna Carta and tradition of liberty.* US Capitol Society, 1976. p. 18.
(146) "The concept of due process of law and its application to our federal and state governments is based on an extensive reservoir of constitutionally expressed and implied limitations upon governmental authority, ultimately determined by the judicial process, and upon those basic notions of fairness and decency which govern, or ought to govern, the relationships between rulers and ruled."(ABRAHAM, Henry J.; PERRY, Barbara A. *Op. cit.,* p. 95).
(147) MACIEL, Adhemar Ferreira. Separata. *Scientia juridica.* Portugal: Universidade do Minho, 1994. p. 373.

da aplicação da lei, ou regulamento, viola o devido processo legal, sem se cogitar na substância do ato. Em outras palavras, refere-se a um conjunto de procedimentos (como informar alguém do crime de que está sendo acusado, ou seu direito de permanecer calado, ou de consultar um advogado), que deve ser aplicado sempre que de alguém for retirada alguma liberdade básica.

Conforme registrado, de acordo com *Bernard Schwartz*, foi durante a gestão do Chief Justice Taney (1837/1864), que se afirmou, pela primeira vez, na jurisprudência da Suprema Corte, quando se julgou o famoso caso Dred Scott (1857), que a cláusula do devido processo legal tinha, além do aspecto processual, um substantivo. Taney disse no acórdão: "Uma lei que retira do cidadão sua propriedade em escravos, simplesmente porque ele traz tal propriedade a um território, é arbitrária, não razoável e, portanto, violadora do devido processo".[148]

A partir desse entendimento, após a Emenda n. 14, de 1868, como observou o Justice Brandeis (*Whiteney v. California*, 1974), em voto concorrente proferido na Suprema Corte, "a despeito dos argumentos em contrário, os quais me parecem persuasivos, ficou assentado que a cláusula do devido processo, estabelecida na Emenda n. 14, aplica-se a matéria substantiva de lei ou, como também, a assuntos de procedimentos".[149]

Segundo *Adhemar Maciel*[150], o Justice John M. Harlan procurou mostrar em *Paul v. Ullman* – 1961, que a cláusula *due process*, caso fosse tomada só como garantia processual, seria ineficaz na defesa contra leis que pusessem em risco a vida, a liberdade e a propriedade do indivíduo. Sintetizou ele, invocando o caso *Hurtado v. California* — 1884: "Assim as garantias do devido processo, embora tendo suas raízes no *per legem terrae* da Magna Carta e considerada como salvaguardas processuais contra a usurpação e tirania do executivo, também se transformaram neste país numa (verdadeira) barreira contra a legislação arbitrária."

Com efeito, o substantivo devido processo legal refere-se ao conteúdo ou à matéria tratada na lei ou no ato administrativo, ou seja, se a sua substância está de acordo com o devido processo, como cláusula constitucional garantidora das liberdades civis. Envolve, desse modo, aspectos mais amplos da liberdade, como o direito à privacidade ou a uma educação igualitária. O Governo tem que demonstrar uma razão imperativa antes de infringir tais liberdades.

---

(148) "A law which deprives a citizen of his property in slaves simply because he brings such property into a territory is arbitrary and unreasonable and hence violative of due process." (SCHWARTZ, Bernard. *A history of the Supreme Court*. London: Oxford University Press, 1993. p. 117).
(149) "Despite arguments to the contrary which had seemed to me persuasive, it is settled that the due process clause of the Fourteenth Amendment applies to matters of substantive law as well as to matters of procedure." (GARVEY, John H.; ALEINIKOFF, T. Alexander. *Modern constitutional theory:* a reader. St. Paul: West Publishing, 1991. p. 88).
(150) MACIEL, Adhemar Ferreira. *Op. cit.*, p. 375.

De fato, o *due process of law*, com conteúdo substantivo — *substantive due process* — constitui limite ao Legislativo, no sentido de que as leis devem ser elaboradas com justiça, devem ser dotadas de razoabilidade (*reasonableness*) e de racionalidade (*rationality*), devem guardar um real e substancial nexo com o objetivo que se quer atingir. Paralelamente, *due process of law*, com caráter processual — *procedural due process* — garante às pessoas um procedimento judicial justo, com direito de defesa.

A partir de então, tanto os conceitos do substantivo quanto do processual devido processo legal foram incorporados definitivamente ao Direito ianque, não obstante virem sendo alvo de constantes refinamentos jurisprudenciais. Dessa forma, tanto num caso como no outro, o teste ácido da lei é a sua compatibilidade com a Constituição com base no princípio do devido processo legal.

Na Constituição Federal de 1988, o devido processo legal está assim previsto, como já noticiado, no art. 5º, LIV e LV. A Constituição incorporou o princípio do devido processo legal, que remonta à *Magna Charta Libertatum*, de 1215, de vital importância nos direitos inglês e ianque. Igualmente, o art. XI, n. 1, da Declaração Universal dos Direitos do Homem, garante que "todo homem acusado de um ato delituoso tem o direito de ser presumido inocente até que a sua culpabilidade tenha sido provada de acordo com a lei, em julgamento público no qual lhe tenham sido asseguradas todas as garantias necessárias à sua defesa".

Inovando em relação às antigas cartas, a Constituição Federal de 1988 referiu-se expressamente ao devido processo legal, além de fazer referência explícita à privação de bens como matéria a beneficiar-se também dos princípios próprios do Direito Processual Penal, como já se teve o lance de narrar neste trabalho.

O devido processo legal configura ampla proteção ao indivíduo, atuando tanto no âmbito material de proteção ao direito de liberdade e propriedade quanto no contexto formal, ao assegurar-lhe paridade total de condições com o Estado-persecutor e plenitude de defesa; direito à defesa técnica, à publicidade do processo, à citação, de produção ampla de provas, de ser processado e julgado pelo juiz competente, aos recursos, à decisão imutável, à revisão criminal.

O devido processo legal tem como corolários a ampla defesa e o contraditório, que deverão ser assegurados aos litigantes, em processo judicial ou em procedimento administrativo, e aos acusados em geral (CF/88, art. 5º, inciso LV).

Assim, embora no campo administrativo não exista necessidade de tipificação estrita que subsuma rigorosamente a conduta à norma, a capitulação do ilícito administrativo não pode ser tão aberta ao ponto de impossibilitar o direito de defesa, pois nenhuma penalidade poderá ser imposta, tanto no campo judicial quanto nos terrenos administrativos ou disciplinares, sem a necessária amplitude de defesa (RTJ, 83/385; RJTJSP, 14/219).

A jurisprudência brasileira tem acolhido o entendimento segundo o qual os princípios do devido processo legal, da ampla defesa e do contraditório são garantias constitucionais destinadas a todos os litigantes, inclusive nos procedimentos administrativos previstos no Estatuto da Criança e do Adolescente (STJ — 6ª Turma — REsp n. 19.710-0/RS — Relator Ministro Adhemar Maciel — Ementário STJ, 10/674).

Restou, igualmente, afirmado que, por ampla defesa, entende-se o asseguramento que é dado ao réu de condições que lhe possibilitem trazer para o processo todos os elementos tendentes a esclarecer a verdade ou mesmo de calar-se, se entender necessário, enquanto o contraditório é a própria exteriorização da ampla defesa, impondo a condução dialética do processo, pois a todo ato produzido caberá igual direito da outra parte de opor-se-lhe ou de dar-lhe a versão que lhe convenha, ou, ainda, de fornecer uma interpretação jurídica diversa daquela feita pelo autor.

Entre as cláusulas que integram a garantia constitucional à ampla defesa encontra-se a necessidade de defesa técnica no processo, a fim de garantir a paridade de armas entre as partes e evitar o desequilíbrio processual, possível gerador de desigualdade e injustiças. Assim, o princípio do contraditório exige a igualdade de armas entre as partes no processo, possibilitando a existência das mesmas possibilidades, alegações, provas e impugnações.

No Brasil, é possível extrair da Constituição Federal de 1988, como exemplo, algumas garantias básicas, protegidas pelo devido processo, sem prejuízo de outras decorrentes dos princípios adotados, ou mesmo concedidas pela legislação ordinária, como ficaram registradas as decorrentes do direito à vida ou à liberdade (art. 5º): LXI — ninguém será preso senão em flagrante delito ou por ordem escrita e fundamentada de autoridade judiciária competente, salvo nos casos de transgressão militar ou crime propriamente militar, definidos em lei; dentre outras citadas no item alusivo ao devido processo legal.

Constatou-se que, apesar do devido processo legal estar prestes a completar oito séculos, a força sobrepujante da carga jurídica que carregam as poucas letras que enfeixam o princípio (*due process of law*) demonstra um poder dominador tão expressivo que hoje se pode afirmar, com segurança, que todo direito individual se acha tocado por ele. Ao longo dos séculos, o devido processo legal foi imantando os demais direitos fundamentais, interagindo com tal força que passou a vinculá-los todos à sua prévia observância. Até mesmo a outra viga mestra das garantias fundamentais, o direito de igualdade, ficou protegido também pelo devido processo legal. Não se restringe mais a cláusula à vida, liberdade e propriedade. Sob seu manto protetor, estão abrigados todos os direitos outorgados pela Constituição, como o da privacidade, da informação, do julgamento justo e imparcial, da fundamentação das decisões, da mais ampla defesa, do contraditório, do direito de o réu não produzir prova que o incrimine.

O devido processo legal contagiou todos os direitos fundamentais, inclusive os políticos, e as liberdades e franquias constitucionais, fazendo com que o teste ácido de qualquer imposição estatal passe necessariamente pelo seu crivo dominador. Como se acha impregnado, desde a sua origem, dos componentes de decência e lisura, permite agora ao Poder Judiciário aferir a "justiça" da lei, não apenas mais sob o aspecto único da legalidade[151]. A lei, para atender aos ditames constitucionais da cláusula do devido processo, tem de ser justa, critério que compete ao Poder Judiciário aferir no exame do caso, aplicando-se a doutrina do substantivo processo legal.

Desse modo, pelo devido processo legal, harmonizaram-se definitivamente os conceitos de Direito e de Justiça, não se admitindo mais a lei que maltrate um desses componentes indissociáveis. Agora, sob a ação do devido processo, Direito e Justiça tornaram-se um binômio perpétuo, irrompível, inafastável e inseparável. Conclui-se, em face da cláusula do devido processo legal, que toda lei que, confrontada com a Constituição, for considerada injusta pelo Poder Judiciário, será, natural e irremediavelmente, inconstitucional. Se a lei não traduz o senso do justo, do direito, revelado pela vontade sedimentada do povo, deve ela ser afastada[152].

Ao recepcionar sem restrições o devido processo legal, a Constituição Brasileira de 1988 o adotou em sua plenitude, desde sua concepção até seu estágio evolutivo atual no direito ianque, de sorte que, quanto à sua aplicação, não deve ser levantado argumento restritivo algum, como o que afirma que o sistema jurídico brasileiro não tem base histórica na *Common Law*. A esta objeção é possível responder com a afirmação de que o direito americano moderno, principalmente por força de sua Constituição escrita, formal e rígida, apóia-se sobretudo no sistema legislativo (Statute), fundado no modelo continental europeu, semelhante ao vivenciado no Brasil, com abandono, cada vez mais intenso, da *Common Law*, realidade que pode ser vista pelo número de leis editadas naquele país (federais e estaduais).

Com efeito, a Administração do Estado, numa evidência que ressumbra das centenas de processos que lhe são promovidos, desvaira de um pretenso direito de resilir contratos de trabalho, numa potestade quase absoluta, invocada como álibi da vontade pessoal de seus dirigentes. Pessoal, há de se

---

[151] A esse propósito, cumpre verificar que a Constituição Brasileira de 1988 define como um dos objetivos da República Federativa do Brasil construir uma sociedade livre, *justa* e solidária, conforme consta do seu art. 3º, inciso I.

[152] É esse o pensamento de Fernando da Costa Tourinho Neto, In: *A justiça, a lei e os novos movimentos sociais*. Cartilha Jurídica — TRF 1ª Região, n. 42, p. 13.

dizer, porque vazia de qualquer justificativa que legitime a ruptura de contratos de trabalho, plasmados no trato sucessivo, em atividades com virtualidade de serviço público, essencial e permanente.

O art. 37, *caput,* da Constituição Federal de 1988, estatui que "a administração pública direta e *indireta* de qualquer dos Poderes da União, dos Estados, do Distrito Federal e dos Municípios obedecerá aos princípios de *legalidade, impessoalidade, moralidade, publicidade* e *eficiência* e, também, ao seguinte: (...) ". As empresas estatais — sociedades de economia mista e empresas públicas —, sendo instrumentos de atuação estatal, são integrantes, pois, por conceito, da administração federal indireta.

Nas razões de defesa que apresentam ao Poder Judiciário, numa tentativa de justificar os seus atos de ruptura unilaterais e imotivados de contratos de trabalho, abroquelam-se no seu direito potestativo de despedir os trabalhadores, de regra empregados não estabilitários e, portanto, sem as garantias do funcionário público *stricto sensu.*

Os atos relativos à vida funcional dos empregados públicos de uma sociedade de economia mista ou de uma empresa pública são, na vigência da Constituição Federal de 1988, atos administrativos, porque, além das exigências constantes da legislação trabalhista, é o Direito Administrativo que lhes governa as condições de válida produção, de sorte que o controle deles se faz à moda do que corresponde aos atos administrativos, inclusive com arguição dos mesmos vícios[153]. E um ato administrativo, ninguém há de negar, não pode ser adotado senão com uma finalidade de interesse público.

Já se encontra consolidada a tese de que não cabe à Administração Pública desenvolver qualquer espécie de favoritismo ou desvalia em proveito ou detrimento de quem quer que seja. Dessa forma, a Administração Pública, Direta e Indireta, haverá de pautar a sua atuação com estrita obediência ao princípio da impessoalidade, conforme anteriormente demonstrado.

Com efeito, sendo encarregada de administrar interesses de toda a coletividade, a Administração Pública direta e indireta não tem sobre estes bens disponibilidade que lhe confira o direito de tratar desigualmente aqueles cujos interesses representa, sobretudo em franca afronta à Constituição Federal vigente. Não sendo o interesse público algo de que a Administração Pública possa dispor ao seu livre talante, mas, pelo contrário, bem de todos e de cada um, já assim consagrada pelos mandamentos legais que o erigiram à categoria de mandamento constitucional, impõe-se, como consequência, o tratamento pessoal igualitário que deve o Poder Público dispensar aos administrados.

---

(153) Cf. GORDILLO, Agustín. *Tratado de derecho administrativo — Tomo 3.* Buenos Aires: Macchi, 1979. p. II-30 a II-39.

Uma vez que os interesses cabíveis à Administração Pública, Direta e Indireta, são pertinentes à sociedade como um todo, quaisquer atos que os órgãos administrativos pratiquem devem, necessariamente, refletir, na medida do possível, os princípios orientadores de sua atividade, consagrados no art. 37, *caput,* da Constituição Federal de 1988.

A ruptura da relação individual de trabalho já é, por si mesma, uma *"anomalia jurídica",* no dizer de *Almansa Pastor*[154], de vez que a permanência no emprego é o princípio angular do Direito do Trabalho. Aliás, se se considerar a questão só pelo ângulo do Direito do Trabalho, mesmo não sendo os trabalhadores empregados de sociedades de economia mista e de empresas públicas titulares de estabilidade, no sentido técnico-jurídico do instituto, são eles, pelo menos, titulares daquele mínimo de garantia de permanência no emprego, que *Plá Rodriguez* denomina *princípio de continuidade,* como expressão de uma *"tendência atual do Direito do Trabalho de atribuir à relação de emprego a mais ampla duração, sob todos os aspectos".*[155] Se assim é na empresa eminentemente privada, o que se dizer quando, na mecânica dessa relação, se insere um ente paraestatal, cujos empregados, como se disse, exercem atividades com virtualidades de serviço público, essencial, porque inspiradas nos interesses maiores da coletividade?

Há uma tendência jurisprudencial, insensível aos avanços dos direitos sociais universalmente reconhecidos, que, numa atitude simplista, consagra a liberdade plena de resilição contratual, sob color da ausência de norma explícita asseguradora da estabilidade. É uma postura por demais fetichista, que dá ao instituto da estabilidade um conceito rígido e unitário, quando se sabe, pelas lições dos maiores mestres administrativistas e juslaboralistas, que estabilidade é um termo elástico e poliforme, cujo tema abarca uma das zonas mais extensas e de larga aplicação nas relações de trabalho. É o mesmo *Plá Rodriguez* quem, para exemplificar, classifica a estabilidade em duas espécies, absoluta e relativa, e, esta última, em duas subespécies, a própria e a imprópria. Os contratos de trabalho, nos órgãos demiurgos da Administração Pública, não gozam, em geral, da estabilidade, considerada naquele sentido absoluto, que só permite o desfazimento da relação *ope judicis,* mas é certo que essas contratações estão albergadas por uma estabilidade relativa, porque as normas legais que as regulam não se atêm exclusivamente aos marcos da legislação especial (trabalhista, celetista no caso brasileiro), mas se imbricam com cânones de Direito Administrativo, que se interligam, na normatização dessas relações jurídicas, com as particularidades que lhes são próprias. Assim como se plasmam elas no interesse impessoal do homogêneo social, só se podem desfazer em obediência aos mesmos princípios da conveniência pública. E

---

(154) ALMANSA PASTOR, José Manuel. *El despido nulo.* 7. ed. Madrid: Tecnos, 1991. p. 331.
(155) In: *Princípios de direito do trabalho.* Trad. de Wagner D. Gíglio. São Paulo: LTr/Editora da Universidade de São Paulo, 1978. p. 141.

isto tem de ser explicitado em ato formal específico, como requisito de validade do ato administrativo da dispensa.

Assim, a despedida de trabalhadores empregados de sociedades de economia mista e de empresas públicas não poderá, jamais, acontecer com aquele informalismo das contratações comuns. Nesse caso, o contrato de trabalho só poderá ser declarado rompido por força de ato administrativo motivado, com justificação relevante, mediante processo em que se assegure ao trabalhador empregado a garantia do devido processo legal, do contraditório e da ampla defesa, de molde a que a sua despedida se sobreleve à fidúcia e à natureza permanente do serviço, como o são aqueles em que o interesse público é predominante[156].

As relações jurídicas que vinculam os trabalhadores empregados de sociedades de economia mista e de empresas públicas (órgãos demiurgos da Administração Pública Indireta) não podem ser desfeitas ao *arbitrium merum* de seus diretores, como ocorre nas empresas genuinamente privadas, que constituem, nas sociedades pouco desenvolvidas, verdadeiro *feudo* do patrão, com seu poder quase ilimitado de admitir e despedir, por sua assunção a todos os riscos da atividade econômica. Nas entidades da Administração Indireta, pela hibridez de sua natureza jurídica, afetadas de massa patrimonial de fundo estatal, não podem acontecer despedidas imotivadas, eis que todas se devem subordinar aos objetivos superiores de sua atividade específica e aos interesses impessoais da coletividade.

Não é estranho à doutrina o posicionamento de que aqui se cuida. Observe-se, por oportuno, e também pela judiciosidade que encerra, a lição de *Celso Antônio Bandeira de Mello*: "Posto que não é livre a admissão de pessoal nas entidades de direito privado pertencentes à Administração indireta, também não é irrestritamente livre o desligamento de seus servidores. Embora não disponham da garantia da estabilidade após dois anos, característica do regime de cargo, próprio da Administração direta, das autarquias e das fundações públicas, como adiante se verá, não podem ser dispensados ao bel-prazer dos dirigentes destas entidades. Para serem desligados é preciso que haja uma causa de interesse público demonstrável. A razão é óbvia, e não deriva tão somente do fato de ingressarem por concurso, circunstância que apenas reforça os motivos de seguida expostos. É que as pessoas da Administração indireta são, acima de tudo e especificamente, apenas instrumentos de ação do Estado. São sujeitos concebidos e criados para auxiliarem-no a cumprir as atividades reputadas de interesse da coletividade e não atividades desenvolvidas para satisfação do

---

(156) Cabe observar-se que toda esta discussão se restringe ao ordenamento brasileiro, já que, no ordenamento português, seria completamente despiciendo, pois a garantia ao emprego é reconhecida no art. 53 da Constituição da República Portuguesa: "É garantida aos trabalhadores a segurança no emprego, **sendo proibidos os despedimentos sem justa causa ou por motivos políticos ou ideológicos.**"

interesse particular de A, B ou C. Assim, a personalidade jurídica de direito privado que se lhes confira corresponde meramente a uma técnica considerada prestante para o adequado desempenho de suas missões, as quais, entretanto, transcendem interesses individuais, particulares. A adoção desta técnica não significa, pois, que se desnature o caráter essencial delas: a de coadjuvantes do Poder Público, como seres integrados na totalidade de seu corpo administrativo. Segue-se que tais sujeitos são cumpridores de função"[157].

Na verdade, a equiparação das sociedades de economia mista e das empresas públicas às empresas privadas não é absoluta, uma vez que incidem, também, sobre aquelas os princípios e regras de Direito Público, considerando seu caráter essencial de auxiliares do Estado na consecução do interesse público.

Esses princípios e regras estão contidos na Constituição Federal e na legislação infraconstitucional, compreendendo, geralmente, aspectos de organização e funcionamento de tais entes públicos, como, por exemplo, criação e extinção, relações com a Administração Direta, atividades-meio e prestação de serviço público.

Assim, estando a demissão (bem como a admissão) de empregados ligada às atividades-meio da empresa pública, é disciplinada pelo direito público, o que a torna um ato administrativo e, nestas condições, só será válido se praticado em estrita obediência aos princípios constitucionais da legalidade, impessoalidade, moralidade e publicidade.

Impõe-se, ademais, a motivação do referido ato, ou seja, a prévia demonstração das razões fáticas ou jurídicas determinantes da sua expedição, embora o empregado não detenha a estabilidade, sob pena de ser anulado. De se observar, a propósito, o que dispõe a Lei n. 9.784/99[158].

Ainda em *Celso Antônio Bandeira de Mello*, a respeito deste assunto, é possível ler o seguinte: "... a empresa estatal é entidade proposta a objetivos de interesse de toda a coletividade. Quem tenha a responsabilidade de geri-la exerce função, isto é, poder teleologicamente orientado para o cumprimento de fins que são impositivos para quem o detém. Em rigor, o que dispõe é de um dever-poder. O dever de bem curar um interesse que não é próprio, mas da coletividade, e em nome do qual lhe foi atribuído o poder, meramente

---

(157) MELLO, Celso Antônio Bandeira de. *Regime constitucional dos servidores da administração direta e indireta*. 2. ed. São Paulo: Revista dos Tribunais, 1991. p. 60-61.
(158) "Art. 1º. Esta Lei estabelece normas básicas sobre o processo administrativo no âmbito da Administração Federal direta e indireta, visando, em especial, à proteção dos direitos dos administrados e ao melhor cumprimento dos fins da Administração. (...)
Art. 2º. A Administração Pública obedecerá, dentre outros, aos princípios da legalidade, finalidade, motivação, razoabilidade, proporcionalidade, moralidade, ampla defesa, contraditório, segurança jurídica, interesse público e eficiência.(...)
Art. 50. Os atos administrativos deverão ser motivados, com indicação dos fatos e dos fundamentos jurídicos, quando: I — neguem, limitem ou afetem direitos ou interesses;"

instrumental, de bem servi-la. Logo, para despedir um empregado, é preciso que tenha havido um processo regular, com direito a defesa, para apuração da falta cometida ou de sua inadequação às atividades que lhe concernem. Desligamento efetuado fora das condições indicadas é nulo. O empregado, se necessário, recorrerá às vias judiciais trabalhistas, devendo-lhe ser reconhecido o direito à reintegração e não meramente à compensação indenizatória por despedida injusta"[159]. Viável, pois, a conclusão de que as sociedades de economia mista e as empresas públicas, enquanto integrantes da Administração Pública Indireta, subordinam-se aos ditames da Lei n. 9.784/99.

A jurisprudência dos tribunais trabalhistas já acolhe, sem vacilação, o entendimento aqui adotado.[160]

---

(159) MELLO, Celso Antônio Bandeira de. *Curso de direito administrativo.* 14. ed. São Paulo: Malheiros, 2002. p. 198-199.
(160) Assim, por exemplo:
"*BANDEPE. REGRAS DA ADMINISTRAÇÃO PÚBLICA — Art. 37, CF/88. Sociedade de Economia Mista — Órgão integrante da administração pública. Não sendo o BANDEPE uma empresa privada, mas um órgão integrante da administração pública, seus dirigentes não atuam como particulares, achando-se limitados pelas regras que norteiam a administração pública, a teor do art. 37, da Constituição Federal.*" (TRT 6ª Região — Processo TRT-RO-149/93 — 1ª Turma — Relatora Designada: Juíza Eneida Melo Correia de Araújo — julgamento de 25.05.1993 — DOE/PE de 16.06.1993).
No mesmo sentido posicionou-se o Tribunal Regional do Trabalho da 16ª Região, assim:
"*DESPEDIDA IMOTIVADA — EMPREGADO DE EMPRESA ESTATAL. A despedida imotivada, ou sem prévio estabelecimento de critério objetivo de dispensa, de empregado de empresa estatal encontra obstáculo nos arts. 37 e 70 da CF, em face da natureza jurídica dessa entidade, que, quanto aos atos de gestão, devem obediência aos princípios da legalidade, da publicidade, da impessoalidade e da moralidade, bem como ao controle das suas contas pelo TCU e até pelo Congresso Nacional. A inobservância desses postulados torna o ato resilitório inexistente, à míngua dos pressupostos constitucionais*" (TRT 16ª Região — Processo TRT-RO-1.336/91 — Ac. 1.114/92 — Relator Designado: Juiz Francisco Meton Marques de Lima — Rev. LTr 56 (11):1.379).
No corpo do acórdão cuja ementa acima se transcreveu encontra-se a seguinte e percuciente passagem: "*O princípio da impessoalidade é intransponível para a validade da dispensa imotivada unilateralmente e sem prévios critérios de impessoalização do ato (serão dispensados os mais novos no emprego, os menos arrimados de família, os que sofreram punição, etc.) para com isso evitar a perseguição ou privilegiamento de uns em favor ou detrimento de outros. Esse princípio constitui um dos pontos de segurança do cidadão contra atos arbitrários do gestor de plantão. Foi conquistado com a queda da bastilha há duas centúrias, a qual sepultou o absolutismo. Ainda hoje, o administrador público não se acostumou a isso e o Judiciário, por desconhecimento das doutrinas modernas (de 200 anos para cá), tem dado guarida a tais desatinos.*"
E, *at last but not least,* vale ressaltar, sobre o assunto, a posição do Tribunal Regional do Trabalho da 7ª Região, no aresto cuja ementa a seguir se transcreve: "*SERVIDOR DE ECONOMIA MISTA (Demissão nula, quando sem justa causa). Em se tratando de sociedade de economia mista, integrante da administração indireta do Estado, a acionada está sujeita, dentre outros, ao princípio da legalidade, inscrito no art. 37, caput, da Lei Maior, segundo o qual todo ato administrativo, para ser legal e moral, tem que ser motivado, pena de invalidade.*" (TRT 7ª Região — Processo TRT N. 3.511/93 — Recorrente: José Bezerra dos Reis — Recorrida: Companhia Energética do Ceará — COELCE — DJE/CE de 18.01.1994).
As posições dos Tribunais Regionais do Trabalho vêm sendo referendadas pela mais alta Corte trabalhista brasileira, o Tribunal Superior do Trabalho, conforme se demonstra com o aresto cuja ementa vai a seguir transcrita:
"*EMPRESA PÚBLICA. DISPENSA. ATO ADMINISTRATIVO. NECESSIDADE DE MOTIVAÇÃO. 1. Em 6.11.2003, o Eg. Pleno do TST, ao julgar o incidente de uniformização de jurisprudência suscitado nos autos do ROMS-652.135/2000, firmou o entendimento de que a ECT é beneficiária da execução por precatório. 2. Nessa esteira, uma vez que se equipara à Fazenda Pública, a ECT detém também os encargos decorrentes dessa condição, devendo observar os princípios constitucionais pertinentes aos atos administrativos. 3. Assim, o ato de dispensa do empregado não está livre de motivação, na forma do art. 37 da Constituição*". (TST/3ª T., AIRR 7193/2002-900-01-00, Relator Ministra Maria Cristina Irigoyen Peduzzi, DJ 23.09.2005).

Retornando às colocações feitas a propósito da cláusula do devido processo legal, atualmente, esta apresenta valor tão significativo que o seu alcance não foi sequer sonhado por seus criadores na Carta Magna de 1215. Se sua conceituação ficasse restrita apenas ao âmbito processual, sua utilidade já se manifestaria de vulto considerável, vez que, por intermédio dela, garantiu-se fundamentalmente um julgamento justo e imparcial, desdobrando-se essa garantia nos aspectos da ampla defesa (direito de resposta, produção de provas e arrazoados finais) e do contraditório (idênticas oportunidades processuais, sejam temporais, sejam argumentativas, falando o acusado sempre por último).

Inúmeros direitos processuais surgiram em decorrência da cláusula do devido processo legal, como, na área criminal, o direito de permanecer calado (não produzir prova contra si), o de ter assistência de advogado (contratado ou dado pelo Estado), a inviolabilidade do domicílio contra buscas e apreensões, a incolumidade corporal (proibição de torturas), dentre outros.

O direito adquirido, a coisa julgada e o ato jurídico perfeito também se inserem entre as garantias do devido processo legal, eis que nem a lei poderá prejudicá-los, muito menos o ato administrativo.

A propriedade e a posse, a toda evidência, fazem parte do conceito básico da cláusula, quando se assegura que ninguém será privado de seus bens sem o devido processo legal, mediante justa e prévia compensação (CF/88, art. 5º, inciso LIV).

Onde houve maior realce da cláusula do devido processo legal, tanto no âmbito processual, quanto no aspecto substantivo, foi na defesa da liberdade, em toda a sua dimensão moderna (liberdade física e espiritual, liberdade de manifestação do pensamento, liberdade de reunião, liberdade de imprensa, liberdade religiosa, liberdade sexual, liberdade relativa ao direito à privacidade, dentre outras).

Com a promulgação da Constituição Federal de 1988, a cláusula do devido processo legal dominará todo o direito (material e processual), já que, pelo seu curso, passam os princípios da separação dos poderes, da independência do Poder Judiciário, sua função política, o ativismo judicial e a visão política dos juízes na interpretação e aplicação da lei fundamental (substantivo devido processo legal), bem foram estabelecidos os caminhos pelos quais flui o modo de vida democrático brasileiro em direção a um futuro promissor como Nação livre, responsável, comprometida com a justiça, com a paz social e com o bem-estar do povo brasileiro.

Como arremate, pode-se afirmar:

1) a Administração Pública Direta é o conjunto de órgãos que integram as pessoas políticas do Estado (União, estados, Distrito Federal e municípios), aos quais foi atribuída a competência para o exercício, de forma centralizada, de atividades administrativas;

2) a Administração Pública Indireta é o conjunto de pessoas administrativas que, vinculadas à Administração Pública Direta, têm a competência para o exercício de forma descentralizada, de atividades administrativas;

3) no Brasil, o Decreto-Lei n. 200/67 estabelece a organização da Administração Pública Federal, determinando que esta compreende: I — a Administração Direta, que se constitui dos serviços integrados na estrutura administrativa da Presidência da República e dos Ministérios: e II — a Administração Indireta, que compreende as autarquias, as empresas públicas, as sociedades de economia mista e as fundações públicas, todas dotadas de personalidade jurídica própria;

4) essa organização, em face do tratamento conferido ao tema pela Constituição Federal de 1988, é também obrigatória para os estados, o Distrito Federal e os municípios;

5) todos os atos relativos à vida funcional dos empregados públicos de uma sociedade de economia mista ou de uma empresa pública (admissão, dispensa sem justa causa etc.) são, na vigência da Constituição Federal de 1988, atos administrativos, uma vez que é o direito administrativo a ditar as condições de sua válida produção, acarretando, como consequência, que o seu controle se faz da mesma forma que dos demais atos administrativos, inclusive com arguição dos mesmos vícios;

6) a Constituição Federal de 1988 constitui inequívoco marco para o Direito Administrativo brasileiro, sendo imperioso o reconhecimento de que o Direito Administrativo que exsurgiu da Constituição Federal de 1988 é muito diferente daquele que se preconizava até então, com mudanças muito importantes no campo dos pressupostos teóricos;

7) de um Direito Administrativo calcado sobre as premissas da unilateralidade, da imperatividade e da supremacia de um interesse público, ditado essencialmente pela própria Administração Pública, evoluiu-se para um marcado pela ascensão do cidadão-administrado à condição de objeto central dos cuidados da disciplina e submisso aos princípios constitucionais e direitos fundamentais;

8) a Administração Pública nascida da Constituição Federal de 1988 cedeu sua vez ao cidadão como foco principal das preocupações do Direito Administrativo e, em lugar de investigar o exercício unilateral dos poderes administrativos, o Direito Administrativo dos dias atuais se ocupa essencialmente de regular as relações entre a Administração e os administrados, conduzindo os reflexos dessa mudança de paradigma à necessidade de se proceder à releitura de praticamente todos os institutos da disciplina, a partir de suas bases;

9) nesse contexto, foi editada a Lei n. 9.784, de 29 de janeiro de 1999, para regular o processo administrativo no âmbito da Administração Pública

Federal e em cujo art. 1º, já ficou definido, dirimindo qualquer dúvida, o seu alcance: *"Esta Lei estabelece normas básicas sobre o processo administrativo no âmbito da Administração Federal direta e indireta, visando, em especial, à proteção dos direitos dos administrados e ao melhor cumprimento dos fins da Administração";*

10) em face disso, de se considerar injurídico qualquer entendimento que pretenda excluir da aplicação da Lei n. 9.784, de 29 de janeiro de 1999, o ato da dispensa sem justa causa de empregados públicos de sociedades de economia mista e de empresas públicas, que só pode ser praticado com finalidades de interesse público e em obediência ao devido processo legal estabelecido pela lei antes mencionada, cujos preceitos também se aplicam aos órgãos dos Poderes Legislativo e Judiciário da União, quando no desempenho de função administrativa (art. 1º, § 1º);

11) a mudança do substrato teórico e das premissas sobre que se funda toda uma disciplina não se faz de uma hora para outra, de vez que a percepção, pela doutrina e a incorporação, pela jurisprudência (mais ainda), das novas premissas são processos gradativos e demorados, dependendo, especialmente no caso dos tribunais, da familiarização dos operadores do Direito com os novos conceitos e conteúdos;

12) a grande resistência por parte da Administração em absorver estas novas premissas para alterar as suas arraigadas práticas constitui fato de retardo ainda maior no completamento do processo de modernização do Direito Administrativo brasileiro; e

13) a observância dos princípios do devido processo legal, do contraditório e da ampla defesa se mostra indispensável antes do exercício da autotutela administrativa, mesmo que se trate da anulação de um ato ilegal, o que se mostra impostergável ante a ampliação que a Constituição Federal de 1988 e, posteriormente, a Lei n. 9.784/99 trouxeram ao direito de defesa perante a Administração Pública, de sorte que os princípios do devido processo legal, do contraditório e da ampla defesa, assegurados pela Constituição Federal de 1988, aplicam-se a todos os procedimentos administrativos, inclusive à dispensa sem justa causa dos empregados públicos de sociedades de economia mista e de empresas públicas.

REFERÊNCIAS BIBLIOGRÁFICAS

AMARAL, Diogo Freitas do. *Curso de direito administrativo.* 6. reimpressão da edição de 2001. Coimbra: Almedina, 2006. v. II.

BARACHO, José Alfredo de Oliveira. O enriquecimento injusto como princípio geral de direito administrativo. *Revista de Direito Administrativo,* v. 3, p. 38, out./dez. 1997.

BARROSO, Luís Roberto. *Interpretação e aplicação da Constituição.* São Paulo: Saraiva, 1996.

BASTOS, Celso Ribeiro. *Curso de direito constitucional.* 19. ed. São Paulo: Saraiva, 1992. p. 99.

BOBBIO, Norberto. *Teoria do ordenamento jurídico.* 6. ed. Brasília: UnB, 1995.

BONAVIDES, Paulo. *Ciência política.* São Paulo: Forense, 1983.

_____. *Curso de direito constitucional.* 9. ed. São Paulo: Malheiros, 2000.

BRASIL. *Código civil, comercial, processo civil e Constituição Federal.* São Paulo: Saraiva, 2005.

_____. Ministério da Administração Federal e Reforma do Estado. *Plano diretor da reforma do aparelho do Estado.* Brasília, 1995.

CANOTILHO, José Joaquim Gomes. *Direito constitucional e teoria da Constituição.* 3. ed. Coimbra: Livraria Almedina, 1991.

CARVALHO BRITO, Davis M. T. de. *Tratado das sociedades de economia mista.* Rio de Janeiro: José Konfino, 1969. v. 1.

CARVALHO FILHO, José dos Santos. *Manual de direito administrativo.* Rio de Janeiro: Freitas Bastos, 1997.

_____. *Processo administrativo federal.* 2. ed. Rio de Janeiro: Lumen Juris, 2005.

CORREIA, José Manuel Sérvulo. A impugnação de atos administrativos. In: *Cadernos de Justiça Administrativa,* n. 16, jul./ago. 1999.

COSTA, Nelson Nery. *Processo administrativo e suas espécies.* Rio de Janeiro: Forense, 2000.

CRETELLA JÚNIOR, José. *Curso de direito administrativo.* 3. ed. Rio de Janeiro: Forense, 1971.

DIDIER JUNIOR, Fredie. *Direito processual civil:* tutela jurisdicional e coletiva. 5. ed. Salvador: Jus Podivm, 2005. v. I.

DI PIETRO, Maria Sylvia Zanella. *Direito administrativo.* 16. ed. São Paulo: Atlas, 2003.

DURIGAN, Paulo Luiz. Rescisão de contrato de trabalho em empresas paraestatais. Disponível em: <http://www.apriori.com.br/artigos/demissão_paraestatais.shtml>. Acesso em: 20 fev. 2005.

ESTORNINHO, Maria João do Rosário. *A fuga para o direito privado.* Coimbra: Livraria Almedina, 1999.

FALCÃO, Raimundo Bezerra. As sociedades anônimas. *Revista de Direito Público,* São Paulo, ano 10, n. 51-52, p. 316-318, jul./dez. 1979.

FERREIRA, Aurélio Buarque de Holanda. *Novo dicionário da língua portuguesa.* Rio de Janeiro: Nova Fronteira, 2001. p. 1138.

FIGUEIREDO, Lúcia Valle. *Curso de direito administrativo.* 2. ed. São Paulo: Malheiros, 1998.

FRANCO SOBRINHO, Manoel de Oliveira. *O controle da moralidade administrativa.* São Paulo: Saraiva, 1974.

FREITAS, Ney José de. *Dispensa de empregado público e o princípio da motivação.* Curitiba: Juruá, 2002.

GASPARINI, Diógenes. *Direito administrativo.* 9. ed. São Paulo: Saraiva, 2004,

GRAU, Eros Roberto. *A ordem econômica na Constituição de 1988.* 2. ed. São Paulo: Revista dos Tribunais, 1991.

GUERRA FILHO, Willlis Santiago. *Ensaios de teoria constitucional.* Fortaleza: Imprensa Universitária da UFC, 1989. p. 47.

GUIMARÃES, Bernardo Strobel. Âmbito de validade da lei de processo administrativo — para além da administração federal. *Revista de Direito Administrativo,* São Paulo, n. 235, p. 233-235, jan./mar. 2004.

HECK, Luiz Afonso. Hermenêutica da constituição econômica. *Revista de Informação Legislativa,* Brasília, v. 29, n. 113, p. 22-28, jan./mar. 1992.

HESSE, Konrad. *Escritos de derecho constitucional.* 2. ed. Madri: Centro de Estudios Constitucionales, 1992.

LAMBERT, Francis. Tendências da reforma administrativa no Brasil. *Revista de Administração Pública,* v. 4, n. 1, p. 141, 1970.

LOUREIRO, João Carlos Simões Gonçalves. *O procedimento administrativo entre a eficiência e a garantia dos particulares*. 1. ed. Coimbra: Coimbra Editora, 1995.

MACIEL, Adhemar Ferreira. O devido processo legal e a Constituição brasileira de 1988. *Revista de Processo*, São Paulo, n. 85, p. 175, jan./mar. 1997.

_____. Separata. *Scientia juridica*. Portugal: Universidade do Minho, 1994. p. 37.

MAGALHÃES FILHO, Glauco Barreira. *Hermenêutica e unidade axiológica da Constituição*. 2. ed. Belo Horizonte: Mandamentos, 2002.

MEDAUAR, Odete. *A processualidade no direito administrativo*. São Paulo: Revistas dos Tribunais, 1996.

_____. *Direito administrativo moderno*. São Paulo: Revista dos Tribunais, 1996.

MEIRELLES, Hely Lopes. *Direito administrativo brasileiro*. 23. ed. São Paulo: Malheiros, 1999.

MELLO, Celso Antônio Bandeira de. *Curso de direito administrativo*. São Paulo: Malheiros, 2003.

_____. *Elementos de direito administrativo*. 2. ed. São Paulo: Revista dos Tribunais, 1990.

_____. *Regime constitucional dos servidores da administração direta e indireta*. 2. ed. São Paulo: Revista dos Tribunais, 1991.

_____. Legalidade, motivo e motivação do ato administrativo. *Revista de Direito Público*, n. 90, p. 57-58, 1991.

MENDONÇA, Maria Lírida Calou de Araújo e. *Entre o público e o privado:* as organizações sociais no Direito Administrativo brasileiro e participação democrática na Administração Pública. Tese (Doutorado) — Universidade Federal do Ceará, Recife, 2004.

MIRANDA, Jorge. *Manual de direito constitucional*. 4. ed. Coimbra: Coimbra Ed., 1990.

MORAES, Germana de Oliveira. *Controle jurisdicional da administração pública*. São Paulo: Dialética, 1999.

_____. Obrigatoriedade de motivação explícita, clara, congruente e tempestiva dos atos administrativos. *Nomos — Revista do Curso de Mestrado em Direito da UFC*, Fortaleza, Edições UFC, v. 16, 17 e 18, n. 4-6, jan./dez. 1997/1999.

NERY JUNIOR, Nelson. *Princípios do processo civil na Constituição Federal*. 5. ed. São Paulo: Revista dos Tribunais, 1999.

NOGUEIRA, Marco Aurélio. *As possibilidades da política*: ideias para a reforma democrática do Estado. São Paulo: Paz e Terra, 1992.

NUNES, Rodrigues. *Dicionário jurídico rg — fenix*. 5. ed. São Paulo: Ed. Associados, 1997.

OLIVEIRA, Manfredo Araújo de. Filosofia política: de Hobbes a Marx. *Síntese*, v. 33, p. 37-60, 1985.

PINHO, Judicael Sudário de. Da impossibilidade jurídica de livre despedimento de empregados nas empresas estatais na vigência da Constituição Federal de 1988. In: SOARES, Ronald; PINHO, Judicael Sudário de. *Estudos de direito do trabalho e direito processual do trabalho*: homenagem a Aderbal Nunes Freire. São Paulo: LTr, 1999.

ROCHA, Carmen Lúcia Antunes. Do devido processo legal. *Revista de Informação Legislativa*, Brasília, ano 34, n. 136, p. 15, out./dez. 1997.

ROCHA, José Albuquerque. *Teoria geral do processo*. São Paulo: Malheiros, 1999.

TEIXEIRA, Sérgio Torres. *Proteção à relação de emprego*. São Paulo: LTr, 1998.

TEMER, Michel. *Elementos de direito constitucional*. 9. ed. São Paulo: Malheiros, 1992.

WAHRLICH, Beatriz. A reforma administrativa no Brasil, experiência anterior, situação atual e perspectivas — uma apreciação geral. *Revista de Administração Pública*, Rio de Janeiro, v. 18, n. 1, p. 49-59, jan./mar. 1984.

ZAGO, Lívia Maria Armentano Koenigstein. *O princípio da impessoalidade*. Rio de Janeiro: Renovar, 2001.

APÊNDICE

1. Cópia integral dos acórdãos proferidos no Mandado de Segurança N. 21322-1 DISTRITO FEDERAL, que tem como partes: IMPETRANTE: Telma Leite Morais e Outro. IMPETRADO: Tribunal de Contas da União.

> MANDADO DE SEGURANÇA N. 21322-1 DISTRITO FEDERAL — TRIBUNAL PLENO. **IMPETRANTE: Telma Leite Morais e Outro**; IMPETRADO: Tribunal de Contas da União. (DJ. 23.04.1993). EMENTA: CARGOS E EMPREGOS PÚBLICOS. ADMINISTRAÇÃO PÚBLICA DIRETA, INDIRETA E FUNDACIONAL. ACESSIBILIDADE. CONCURSO PÚBLICO.
>
> A acessibilidade aos cargos públicos a todos os brasileiros, nos termos da Lei e mediante concurso público é princípio constitucional explícito, desde 1934, art. 168.
>
> Embora cronicamente sofismado, mercê de expedientes destinados a iludir a regra, não só foi reafirmado pela Constituição, como ampliado, para alcançar os empregos públicos, art. 37, I e II.
>
> Pela vigente ordem constitucional, em regra, o acesso aos empregos públicos opera-se mediante concurso público, que não pode ser de igual conteúdo, mas há de ser público.
>
> As autarquias, empresas públicas ou sociedades de economia mista estão sujeitas à regra, que envolve a administração direta, indireta ou fundacional, de qualquer dos poderes da União, dos Estados, do Distrito Federal e dos Municípios.
>
> Sociedade de economia mista destinada a explorar atividade econômica está igualmente sujeita a esse princípio, que não colide com o expresso no art. 173, § 1º.
>
> Exceções ao princípio, se existem, estão na própria Constituição.

2. Cópia integral dos acórdãos proferidos no Recurso Extraordinário N. 1302062/210, que tem como partes: RECORRENTE: Companhia Paranaense de Energia — COPEL.

RECURSO EXTRAORDINÁRIO N. 01302062/210 — PRIMEIRA TURMA — RECORRENTE: Companhia Paranaense de Energia — COPEL; RECORRIDO: Carlos Alberto dos Reis Guimarães e Outros.

EMENTA: CONSTITUCIONAL. TRABALHISTA. NULIDADE DE ATO DE DESPEDIDA DE EMPREGADOS DE SOCIEDADE DE ECONOMIA MISTA, POR RAZÕES DE ORDEM POLÍTICO-PARTIDÁRIA. VIOLAÇÃO DO ART. 153, §§ 1º, 5º, 6º E 8º, DA CF/69 (DJU 22.11.91).

Decisão incensurável, por haver-se configurado flagrante violação ao princípio da liberdade de convicção política, constitucionalmente consagrado, ao qual estão especialmente adstritos os entes da Administração Pública. Recurso não conhecido.